DASCH DR BOODE!
S alte Teschdamänt uf Baaseldütsch
Band 1

BRYYSIGE

AF221840

D Bsalmen uf Baseldütsch

DASCH DR BOODE!
S alte Teschdamänt uf Baaseldütsch
Band 1

BRYYSIGE

D Bsalmen uf Baaseldütsch

überdräit und uusegää
vom Jürg Meier

Bibliografische Information der Deutschen Nationalbibliothek: Die Deutsche Nationalbibliothek verzeichnet diese Publikation in der Deutschen National-bibliografie; detaillierte bibliografische Daten sind im Internet über dnb.dnb.de abrufbar.

1. Auflage

Burgunderstrasse 3, 4107 Ettingen
buch@jumeba.ch

Umschlagbild:
Sophie Becker, Berlin,
www.munterbunt.design

ISBN 978-3-3751-99682-2

Herstellung und Verlag:
BoD – Books on Demand, Norderstedt

BRYYSIGE – D Bsalmen uf Baaseldütsch

INHALT

VOREWÄGG

Jeede Grischt kennt d Bsalme. Dr Martin Luther het gsäit: *«D Bryysige möchten e gläini Biible syy, wo alles, wo in dr ganze Biible stoo duet, zämmegfasst und zumene feine Handbuech gmacht isch»*[1]

D Bsalme – oder dr «Bsalter» - isch s Gebättbuech und s Gsangbuech us dr Biible. Me könnti saage, s handled sich um en Antwoort vom Mensch uf e HEER, e Gsprööch vom Mensch mid em HEER – und zwoor in Poesie. D Bsalme sin au Broot für d Seel. Sy bringen alli menschlige Gfüül zum Ussdrugg, vo zum «Dood bedriebt», bis zum ene «himmelhooch juuchzge». S isch völlig wuurscht, ob me voll Hoffnig oder verzwyyfled isch, d Bsalme hälfe däm immer, wo sy lääse duet! Dr Jesus Grischtus het Bsalme bätted, die alten Israelite hän sy gmuurmled, dr Mattäus und dr Paulus hän sy im Kopf gha – und d Juude vo hüt föön dr Sabbat in dr Sinagoogen aa mid eme gsungene Bsalm. Am Ändi vom Nachtässen am Sabbat muurmle sy dr hundertsäggsezwanzigschti Bsalm. Bsalme finde mr wunderbaar verdoont, zum Byspyl bi de Komponischde Bach, Händel, Pachelbel, Schütz. Mänge griegt e Hieenerhut, wenn er im dütsche Requiem vom Johannes Brahms am Aafang d Väärs 5 und 6 us em hundertsäggsezwanzigschde Bsalm hööre duet. Und bitte nid vergässe: Dr letschti Satz wo unseren Erlööser, dr Jesus Grischtus nach em Lukas (Lk 23,43) am Grütz gsäit het, isch dr fümfti Värs us em äinedryssigschde Bsalm: «In dy Hand yyne duen ych dr Huuch vo mym Lääben yyne leege». Und dr letschti Satz, wo dr Messias am Grütz nach em Mattäus (27,46) und em Markus (15,34) gsäit het, isch dr zwäiti Väärs vom zwäiezwanzigschte Psalm: «My GOTT, my GOTT, wäge waas hesch du my verloo?»

$$\partial\partial\partial\partial$$

S Buech vo de Bryysigen isch käi Sammelsuurium vo zuefellig zämme gstellte fromme Sprüch. Näi, s isch e guet überleggti Komposizyoon. Me

---

[1] Luther, M. (1528), Zweite Vorrede auf den Psalter, in: Bornkamm, H., Hrsg.: „Luthers Vorreden zur Bibel", Insel Taschenbuch 677, 1983, Syte 65.

duet drum guet draa, nid nummen äinzelni Bsalmen uusezbigge. Wemme nämmlig d Bryysige vom eerschte bis zum letschde Bsalm duurelääse duet, drno ergänn sich ganz nöi'i Yysichte.

Au wenn s sich nid um e fortlaufendi Entwiggligslyynie handle duet, kam e doch saage, as sich vom Bsalm 4 bis zum Bsalm 150, aagfange bi de Glaagebitte bis aane zumene umfassende Loobbryys e steetigi Stäigerig zäige duet.

Bi dr Yydäilig duen y im Aasatz vom Pfaarer Dr. Beat Weber[2] folge. Wie d Tora au als «Fümfbiecher vom Moose» bezäichned wiird, ka me d Bryysigen au als «Fümfbiecher vom David» bezäichne. Die ängi Zämmeschau zwüsche dr Tora und de Bsalme zäigt sich au doo drin, as d Juuden am Sabbat näben eme Tora-Abschnitt allewyyl au en Abschnitt us de Bryysige lääse dien.

Wyteri Äinzelhäite zu de Bryysige finde Sy, falls Sy daas interessiere duet, ab Syte 272 in de NOOCHGEDANGGE.

Im Dr. Beat Weber, em langjöörige Pfaarer vo Linden im Emmedaal und groosse Bsalmeforscher und – kenner, dangg y vo Häärze. Äär het mr in verschiidenschter Hiisicht s Verständnis für d Bryysige göffnet – dur syni Biecher und Artiggel, bsunders aber au, well er mr e baar schwiirigi Bsalme genau kontrolliert het.

Wie me d Bsalmen am Beschde nutze ka, säit ys dr Dietrich Bonhoeffer (1906-1945) in sym Buech über d Bsalme[3]: «*Wo mr also in unsere Kirche d Bsalme nümme bätte dien, do mien mr dr Bsalter umso mee in unseri däägligen Aadachten am Moorgen und am Ooben ufnää.*»

Ettige/Basel, am Bättdaag 2020　　　　　　　　　　　*Jürg Meier*

---

2 Weber, B. (2010), Werkbuch Psalmen I – III, Stuttgart: W. Kohlhammer. 3 Bände.
3 Bonhoeffer, D. (2016), Die Psalmen: Das Gebetbuch der Bibel, 21. Auflage, Giessen: Brunnen.

Yygang

Bsalm 1

Wäägwyysig

Dasch die eerschti Düüre:

Sy duet zäigen, as do dinne vom Wort vom HEER d Reed isch, wo uns e Leer für s Lääbe syy wott.

Bsalm 2

D Heerschaft vom König

Dasch die zwäiti Düüre:

Sy duet zäigen, as dr HEER dr König vo de Himmel isch, wo alli Völgger vo däre Wält uf dr König vom Zion, dr Messias, duet hiiwyyse.

Bsalm 3

Bätten und singe

Dasch die dritti Düüre:

Wemmer doo duure göön, drno simmer bim bätten und singe mid em David aakoo und göön jetzt voll in d Bryysigen yyne.

1

1   Glüggbryysig däm,
    wo sich dur die nid loot lo be'yyflusse loo,
    wo loosglööst sin vom HEER [4] –
    und wo au nid mit de Spötter zämme hoggt.

2   Dä, wo Gluscht het uf d Unterwyysig vom HEER,
    wo über d Wäägwyysig Daag und Nacht muurmle duet.

3   Dää isch wien e Baum, aanepflanzt an d Bewässerigsgrääbe.
    Äine, wo allewyyl Frücht bringt, wenn d Zyt drzue isch.
    E soo äim syni Bletter dien nid verwelggen
    und alles won er macht, daas glingt.

4   Aber esoo sin die jo nid,
    wo vom HEER loosglööst sin –
    die sin wie Strau, wo dr Wind verwäie duet.

5   Wäge däm kömme die Gottloosen im Gricht flach uuse,
    und d Sünder in dr Gmäind vo de Grächte grad genau esoo.

6   Dr HEER nämmlig kennt dr Wääg vo de Grächte,
    aber dr Wääg vo dääne Gottloose, dää vergoot.

---

[4]   Die hebräische Wörter יהוה (JHWH) und יָה (Jah), wo für GOTT brucht wiird, han y allewyyl mit
      «HEER» übersetzt.

2

1   Wäge waas dien d Völgger eson e Mäis mache?
     Für waas dien d Nazyoone sinnloosi Blään schmiide?

2   D König vo dr Wält stöön uf
     und d Füürschte dien sich zämme
     gege dr HEER und dää, won äär zum König gsalbt gha het:

3   «Loos, mr verryssen iri Fessle!
     Kömmed, mr dien iri Strigg duuredrenne!»

4   Aber dää, wo im Himmel droone duet, dä lacht sy us.
     Äär duet sich über ir Handle moggiere.

5   Wenn d Zyt koo isch duet äär mid ene reede voll Wuet.
     Er verschreggt sy drno mit synere Döibi und säit:

6   «Yych sälber ha my König yygsetzt –
     uf em Zion, mym häilige Bäärg!»

7   Und ych will mittäile, was dr HEER bschlosse het:
     «Äär het zuemer gsäit: Duu bisch my Bueb!
     Hüt han y dy geboore!

8   Du muesch my numme drum bätte!
     Und scho mach y die fremde Völgger zu dym Bsitz.
     Sogaar die fäärnschte Länder uf däre Wält gib ych diir.

9   Mid emen yysige Herrscherstaab söllsch sy verschmättere.
     Wie Gschiir kasch duu sy in Stügg verschloo.»

10   Drum, ir König, kömmed zur Yysicht!
     Löönd öich waarne, ir Heerscher vo däre Wält!

11   Diend öich im HEER mid Eerfuurcht unterwäärfen
     und diend em mid Zitteren und Begäischterig zuejuuble!

12 Küssed dr Soon, sunscht könnt er suur wäärden
und iir würded uf öirem Wääg z Grund goo.
S brucht nid vyyl, as er böös wiird.
Glügglig sin alli, wo bi iim Hilf und Schutz sueche dien!

3

1 E Bsalm mid em David verbunde,
won äär voor sym Bueb, em Absalom,
het flüchte miesse.

2 HEER, ych ka myni Geegner nid zelle!
So vil dien sich geege my erheebe.

3 S sin so vyyli, wo zue mr saage dien:
«Du wiiirsch käi Hilf griege vom HEER!»

Sela[5]

4 Aber duu, HEER, bisch jo my Schild, wo my schütze duet.
Duesch scho für my Eer soorgen, as y my Kopf wider ufheebe ka.

5 Lut han y zum HEER gschraue!
Und denn isch sy Antwoort zue mr koo vo sym häilige Bäärg.

Sela

6 Y bi aaneglääge und ha gschlooffe.
Won y ufgwacht bi, han y gwüsst: Dr HEER hilft mr.

---

[5] SELA – dasch en Aawyysig in de Bryysige. S het sich jo um Lieder ghandled, wo me gsunge het. Me wäiss nid gnau, was es bedütte sotti. Vilicht mäints äyfach en Yyschnitt oder e Dänggpause.

7   Drum han y au käi Angscht vor em Volgg –
Vo däne Duusige, wo uf my loos go wän.

8   Stand uff, HEER! Hilff mr doch, HEER!
Joo, Du vertäilsch myne Find Kiinhöggen
und däne, wo vo diir loosglöst sin,
duesch d Zeen uuse schloo.

9   Bim HEER findet sich d Hilf.
Due dy Volgg säägne.

Sela

Däilbuech 1

Bsalm 3 – 41	Bsalme, wo mi dem David verbunde sin (I) (usser de Bsalme 10 und 33)
Bsalm 41,14	D Loobbryysig vom HEER

«Briise sygsch duu,
HEER, GOTT vo Israel!
Vo Eewigkäit zu Eewigkäit!

Amen! Und nonemoll: Amen!»

Bsalm 41,14

4

1 Für e Choorläiter. E Bsalm mid em David verbunde,
  wo me singt zur Muusig vo Säiteninschtrumänt.

2 Gib mr doch Antwoort, GOTT[6], wenn y rieffe due.
  In dr Bedrängnis hesch duu mr gholffe!
  Heb Verbaarmen und loos uf myni Gebätt!

3 «Wie lang no wänd iir my dure Drägg zie, ir Heeresöönli?
  Ir händ numme s Gschnuur gärn und diend allewyyl liege!

  Sela

4 Wüssed: Wäär zum HEER ghöört, däm hilft er wunderbaar.
  Wen yych zuenem rieffe due, drno höört my dr HEER!

5 Au wenn er gfruschted sind, sötted er nid sündige!
  Hirned im Bett nonemoll drüber nooch und halted d Glappe!

  Sela

6 Bringed Opfer, wo eerlig gmäint sin!
  Diend doch uf e HEER verdraue!»

7 Me höört vyli joomere: «Vo wäm könne mr no Guets erfaare?»
  O HEER, s Lüüchte vo dynere Geegewaart fäält uns dotaal!

8 Aber mym Häärz hesch duu Fröide gschänggt.
  Mee als doozmoll, wo sy gnueg Koorn und Moscht gha hän.

9 Yych ka guet go schlooffe,
  well Duu, HEER drfüür luegsch,
  as y sicher woone ka.

---

6 Die hebräische Wörter אֱלֹהִים (Elohim) und אֵל (El), wo für GOTT brucht wäärde, han y allewyyl
  mit «**GOTT**» übersetzt.

5

1 E Bsalm mid em David verbunde,
   wo me singe duet zum Flöötespiil.

2 Loos uf myni Woort, HEER!
   Verstoo doch, worum ych stööne due!

3 Gib acht uf my Schrei nach Hilf,
   my König und GOTT!
   Wenn ych zu diir due bätte,

4 HEER, loos uf my Stimm am Moorge.
   Ych due im Dämpel myni Opfer voorberäiten und waart uf dy.

5 Joo, du bisch e GOTT, wo am Unglügg käi Fröid het.
   Wäär Bööses im Sinn het, dä het bi diir käi Broot.

6 Hüüchler kömme dr au nid unter d Auge.
   Und Üübeldääter sin dr ooni Usnaam verhasst.

7 Wäär liege duet, dä duesch duu vernichte.
   Möörder und Verrööter mien bim HEER unde duure.

8 Aber ych darf in dy Huus koo. Daas verdangg y dynere Gieti.
   Vor dym häilige Dämpel fall y voll Eerfuurcht uf d Gnöi.

9 HEER, lo my e grächts Lääbe fiere vor myne Find!
   Due dr Wääg eebe mache, as ych diir folge ka!

10 Aber wenn die Lüt s Muul ufmache, kunnt nüt Woors uuse.
   In irem Innere duet sich en Abgrund uff.
   Iri Guurglen isch wien e Graab, wo offen isch.
   Iri Zungen isch wien en aalglatti Waffe.

11 GOTT, loss sy doch für iri Schuld biesse!
Bring sy zum umgheie wägen ire bööse Blän!
Sy hän esoo vyyl Unrächts gmacht, due sy drvoo jaage!
Sy hän dr nämmlig fräch d Stiirne botte.

12 Aber alli die, wo bi diir Schutz und Hilf sueche dien,
die döörfe sich vo Häärze fröie.
Sy söllen ooni Ändi juuble dörfen unter dym Schutz.
Vor Fröid sölle sy juuchzge – Sii alli, wo dy Name gäärn hän.

13 Gwüss HEER, du duesch dr Grächti nämmlig säägne.
Du duesch en mid dym Woolgfallen umgää wie mid eme Schild.

6

1 E Bsalm mid em David verbunde, wo me bim Säitespiil
uf dr achte Säite voorsinge duet.

2 HEER, due my nid strooffe, wenn de wäge miir suur bisch!
Due my nid hauen in dynere Wuet!

3 Syg mr gnäädig, HEER! Ych bi doch wien e moorsche Baum.
Mach my wider gsund, HEER! Mini Gnoche sin ganz brüchig.

4 My Seel isch voll vo Angscht.
Y frog dy, HEER, wie lang duesch denn no warte?

5 Kumm doch zrugg zue mr, HEER! Hilff mym Lääbe!
Due my rette! Du bisch doch esoo voll vo Gieti!

6 Im Doot duet nämmlig niemerts me an dy dängge.
Und im Dooteryych unde – wär ka diir döört no zum Loob singe?

7   Vom Stööne bin y ganz kabooris.
In dr Nacht schwümm y in myne Drääne.
Vom vyle Brieelen isch my Küssi nass.

8   Vor Kummer sin myni Auge gschwullen und ooni Glanz.
S dien my nämmlig soo vyyl Find umgää.

9   Mached, as er fuurt kömmed, ir Dräggsegg!
Dr HEER het nämmlig my Brieele ghöört.

10   Dr HEER het my Bättle ghöört.
Dr HEER nimmt my Gebätt aa.

11   Fruschtriert und voll Angscht mien alli myni Find abhaue.
Und wenn sy wiider kömme, drno mien sy nonemoll unde duure!

7

1   E Bsalm zum Glaage, mid em David verbunde. Är het s vor em HEER
gsunge, wägen em Benjaminiter Kusch.

2   HEER, my GOTT, bi diir wott y my verstegge.
Due my vor allne dääne rette, wo my jaage dien!

3   Hilff mr, as my Find my nid aafalle duet wien e Löi.
Sunscht duet er my no in Stügg ryssen und käi Retter isch doo.

4   HEER, my GOTT, was han y denn gmacht?
Duet vilicht Schuld an myne Händ glääbe?

5   Han y mym Fründ öppis Bööses gmacht?
Oder han y äine beraubt, wo my grundlos in d Ängi driibe het?

6   In däm Fall söll my dr Find halt jagen und yyhoole!
    Denn söll er my Lääbe mit Fiesse drätten
    und my Aasee in Drägg zie.

    Sela

7   Stand uff, HEER, in dynere Wuet!
    Mach öppis gege s Wiete vo myne Find!
    Wach uff und hilff mr! Du wotsch doch Gricht halte.

8   Due d Nazyoonen um dy versammle!
    Nimm dy Blatz hooch über enen yy!

9   HEER, duu bisch dr Richter über d Völgger.
    Verhilff mr zu mym Rächt, HEER!
    Ych ha my doch richtig verhalten und käi Schuld uf my glaade.

10 Mach en Änd mit dr Booshäit vo däne Spitzbuebe.
    Aber lo die Grächte bestoo.
    Dää, wo d Menschen uf Häärz und Niere theschte duet,
    dä isch ganz gwüss e grächte GOTT.

11 Dr GOTT isch my Schild, wo my schütze duet.
    Äär hilft allne, won en eerlig Häärz hän.

12 Wenn dr GOTT en Uurtäil felle duet, isch er im Rächt.
    Er ka s zu jedere Zyt vollstregge.

13 Wäär aber nid umkeere wott: Dää söll doch sy Schwärt scheerffe,
    sy Booge spanne, zum Schuss aaleege.

14 Er richtet die döötlige Waffe gege sich sälber.
    Und d Pfyyl, won en dräffe sölle, bringt er sälber zum brenne.

15 Lueged numme – er goot mid Unhäil schwanger,
    in sym Läib dräit er Verdeerbe.
    Numme Luug und Druug bringt er in d Wält.

16 Er het e Gruebe graaben und ussghöölt.
    Aber denn isch er ins Loch gheit won er sälber gschuufled het.

17   S Unhäil gheit zrugg uf sy Kopf
      und die böösi Daat vertschuplled em d Frysuur.

18   Ych dangg em HEER für sy Grächtigkäit.[7]
      Dr Naame vom HEER will y bryyse: Äär isch dr Högschti.

8

1   Für e Choorläiter. E Bsalm mid em David verbunde, wo men uf dr
      Gyttyt[8] spiile duet.

2   HEER, unsere Herrscher,
      wie mächtig döönt dy Namen uf dr ganzen Wält!

      Dy Heerligkäit straalt über em Himmel uf!

3   Im Gschrei vo Buschi und Kinder
      zäigsch duu dy Macht über die, wo geege dy sin!
      D Find und die, wo gyyrig sin nach Vergältig, machsch feertig.

4   Wenn yych zum Himmel uffe lueg, stuun y über dyni Wäärgg:
      Wenn y dr Moond und d Stäärnen aaluege due, drno frog y:

5   Was isch dr Mensch, as duu an en dängge duesch?
      Waas isch e Menschekind wäärt, as duu dy um s kümmere duesch?

---

7 Dängge Sy bitte draa: Us dr Sicht vo dr Biiblen isch Grächtigkäit nid e moraalischi Noorm, sondern
   bedütted s Verheltnis vo dr Dröï'i, wo in ere Bezie'ig aagmässen isch. Wäär grächt isch, dä gniegt
   allen Aasprüch, wo syni Bezie'igen an en stelle dien.
8 D Gyttyt isch en altertümligs Säiteninstrumänt gsii. Wie d Gyttyt usgsee het, wüssemer nid.

22

6   Du hesch en nummen e weeneli gringer gmacht als e Gottwääse.
    Mid ere Groone duesch em d Heerligkäit und d Wüürde gää.

7   D Wäärgg vo dyne Händ hesch du iim in d Händ gää.
    Alles hesch vor en aane gleggt:

8   Schooff, Gäissen und Rinder – alli zämme,
    und drzue die wilde Dier uf em Fäld.

9   D Vögel am Himmel und d Fisch im Wasser
    und was sich sunscht no in de Meer bewege duet.

10 HEER, unsere Heerscher,
    wie mächtig döönt dy Naamen uf dr ganze Wält!

9

1   E Bsalm mid em David verbunde,
    wome voorsinge duet nach dr Muusig «Jungi Fraue».

2   HEER, ych due dr vo ganzem Häärze dangge.
    Ych will vo alle dyne Wunderdaate verzelle.

3   Ych will my fröien und über dii juuble.
    Ych will dy Naame bryyse, dii, dr Höggschdi vo Allne.

4   Myni Find mien sich nämmlig zrugg zie.
    Bi dym Aabligg kömme sy ins Stolperen und gheien ins Unglügg.

5   Joo, du hesch mr zum Rächt verholfen und my Fall entschiide.
    Uf em Droon hesch duu Blatz gnoo, du bisch e grächte Richter.

6   Du hesch mid de Häide gschumpfen und die Böösen vernichted.
    Ire Naame hesch duu für immer ussglöscht.

7   Dr Find isch vernichted, numme Ruine sin bliibe.
    Stedt hesch duu boodeneebe gmacht, ire Ruum isch vergange.

8   Voller Wuet het dr HEER für immer Blatz gnoo.
    Für s Gricht het er sy Droon ufgestellt.

9   Er duet e grächts Uurtäil über en Äärdgräis felle.
    Er duet Nazyoone nach Rächt und Oornig richte.

10 Wär benoochdäiligt wiird, findet Schutz bi iim.
    Er isch e feschti Burg für Nootzyte.

11 Wär dy Naame kennt, duet sich uf dii verloo.
    Denn duu, HEER, losch käin im Stich, wo dy Nööchi suecht.

12 Diend dr HEER bryyse, wo uf Zion woone duet.
    Diend syni groosse Daate verzellen unter de Völgger:

13 Wenn er Bluet rääche duet, dänggt er an die Unschuldige.
    Wenn die Armen um Hilf rieffe dien, duet er sy nid vergässe.

14 Heb Erbaarme, HEER! Lueg, wie my ire Hass lyyde loot!
    Duu bisch dää, wo my vo dr Düüre vom Dood kan ewägg hoole.

15 Denn duen ych vo all dym Ruum verzelle.
    In de Door vo dr Dochter Zion lach y vor Fröid über dy Hilf.

16 Völgger sin scho in d Gruebe gheit, wo sy sälber graabe hän.
    Im Netz, wo sy usgleggt gha hän, het sich dr äigeni Fuess verfange.

17 Esoo het dr HEER zäigt, as er Gricht halte duet:
    D Spitzbuebe schäitere dur d Gwalt vo den äigene Händ.
    Sela

18 Esoo mien die Gottloosen aaben ins Dooteryych
    und mid iinen alli Völgger, wo dr GOTT vergässe dien!

19   Aber dää, wo nüt het, wird nid uf Duur vergässe.
Dr Aarmi muess sy Hoffnig nie ufgää.

20   Stand uf, HEER! Mach d Mensche nid zue mächtig!
Vor diir sölle d Völgger zur Rächeschaft zooge wäärde.

21   Due sy in Angscht und Schregge versetze, HEER!
Drno wärde d Völgger meerggen as sy numme Mensche sin!

Sela

10

1   HEER, wäge waas bisch du so wyt ewägg?
Wäge waas duesch duu dyni Auge vor de Nootzyte zue mache?

2   Dr Gottloosi verfolgt hoochmietig en Aarme mid Lyydeschaft.
Er schnabbt en mid Booshäit, woner sich sälber usdänggt het.

3   Dr Spitzbueb brüschded sich mit synere Haabgyyr,
duet dr HEER verlöignen und verhöönt en sogaar.

4   Hoochnääsig, wien er isch, säit dr Gottloosi:
«Er duet jo gar nit stroofe. Also gits käi GOTT!»

5   Alles, was er macht, macht er lischtig und hinterruggsig.
Sy Wääg fiert immer zum Erfolg.

Dyni Uurtäil wärde fäärn im Himmel gfellt.
Drum mäint äär, sy giengen en nüt aa.

6   Er dänggt in sym Häärz: «Yych kumm nid ins Gwaggle!
Yych blyb allewyyl vom Unglügg verschoont.»

7   Sy Muul isch voll Bedruug und Erbrässig.
Under synere Zunge dien Läid und Unhäil warte.

8   Er leggt sich in de Hinterhööf uf d Luur.
Im Verboorgene duet er Unschuldigi dööte.

9   Syni Auge sueche nach em Schwache.
Wien e Löi im Busch duet er in sym Verstegg warte.
Er warted numme druff, as er dr Armi phagge ka.
Denn schnabbt er en und ziet en in sy Netz.

10   Er schloot dryy und gnöiled über sym Opfer.
Die Schwache falle dur syni Brangge.

11   Drbyy dänggt er numme: «Au daas het dr GOTT scho vergässe!
Er het jo sy Gsicht verdeggt und überhaubt nüt gsee!»

12   Stand uff, HEER! GOTT, due doch yygryffe!
Vergiss die Arme nid!

13   Wäge waas daarf dr Gottloosi dr GOTT schlächt mache?
Wie kan er behaubten, as duu nid stroofe duesch?

14   Duu duesch s Läid und s Eeländ doch gsee!
Jetz nimm die Sach sälber in d Hand!
Dr Schwachi ka sich uf dii verloo.
Im Wäisekind bisch duu dr Hälffer gsii.

15   Mach dr Gottloosi und dr Böösi machtloos!
Due sy Unrächt verfolge. Du wiirsch en doch sicher finde!

16   Dr HEER isch König für immer und ewig!
Verschwunde sin die unglöibige Völgger us sym Land!

17   Duu höörsch, HEER, uf waas die Unterdruggde gluschtig sin.
Mach ene Muet! Mach dy Oor für sy uff!

18   Esoo duesch de Wäisen und den Aarme hälffen, as sy Rächt griege.
Nie me sölle Mensche d Wält in Angscht und Schregge versetze.

11

1   Für e Choorläiter. E Bsalm mid em David verbunde.

Bim HEER duen y Unterschlupf sueche!
Wie könned iir do zu miir saage:
«Due in d Bäärge flüchte wien e Voogel!»

2   Lueged numme, was die Gottloose mache dien:
Sy dien scho ire Booge spanne!
Ire Pfyyl liggt schussberäit uf dr Seene.
Im dunggle Verstegg zyyle sy uf Mensche mid emen eerlige Häärz.

3   Joo, sy zerschtööre d Grundlaage vo dr Oornig.
Aber dr Grächti ka nüt drgeege mache.

4   Dr HEER isch in sym häilige Dämpel.
Dr HEER het sy Droon im Himmel.
Syni Auge luegen obenaabe,
syni Bligg dien d Menschekinder brieffe.

5   Dr HEER duet dr Grächti wie dr Gottloosi theschte.
Wär Gwalt und Stryt gärn het, dää het bi iim käi Broot.

6   Er lot d Gluet vo de Koolen uf die Gottloose schneie –
e Räägen us Schwääfel und gluethäissem Wind.
Dasch dr Bächer,
wo veruurtäile duet.

7   Dr HEER isch nämmlig grächt,
Äär het gäärn, was die Grächte mache dien.
Wär ufrichtig isch, dää döörf en see.

12

1   E Bsalm, mid em David verbunde,
     wo men uf dr achte Säite spiile duet.

2   Jetz hilff doch, HEER! S guete Zämmesyy isch vrbyy
     S isch vrbyy mid dr Dröi'i unter de Menschekinder.

3   Sy dien sich ins Gsicht yyne liege, einen im andere.
     Sy dien doppeldüttig reede – emoll e soo und emoll anderscht.

4   Due, HEER, alli vernichte, wo doppeldüttig reede dien.
     Mach ene die groossi Glappe zue, wo sy fiere dien.

5   Daas sin die Lüt, wo drmit aagää dien:
     «Mid unserem Mundwäärgg simmer stargg!
     Unseri Lippe händle für uns! Wäär könnti uns s Wasser länge?»

6   «Well sy die Aarmen unterdruggen und die Weerloose zum Stööne
     bringe, stand yych jetz uf!», säit dr HEER.
     «Ych due dää rette, wo me haart bedränge duet.»

7   Was dr HEER säit, dasch glaar und suuber:
     Wie Silber, wo men im Schmelzoofe suuber macht
     und siibe Mool gräinigt gha het.

8   Duu, HEER, luegsch drzue, as sich daas erfüllt, wo duu säisch.
     Die Aarme duesch allewyl bschütze vor däre bööse Generazyoon.

9   Die Gottloose dryybe sich no immer überaal umme.
     No immer sin d Mensche gemäin zuenenander!

13

1   Für e Choorläiter. E Bsalm mid em David verbunde.

2   O jee, HEER, wie lang denn no? Wilsch du mii ganz vergässe?
    Wie lang luegsch du non ewägg?

3   Wie lang mues y Angscht ha um my Lääbe,
    Daag yy, Daag uss e Häärz voll Kummer ha?
    Wie lang döörf my Find geege my syy?

4   Lueg doch do aane! Gib mr Antwoort, HEER, my GOTT!
    Lo myni Auge glänze, wenn y dy see due!
    Sunscht duet my dr Dood in Schlooff wiege!

5   Sunscht säit my Find: «Ych han en erleedigt!»
    Und myni Geegner könne juuble, well y ins Schlöidere koo bi.

6   Aber nääi! Fescht han y uf dy Gieti verdraut!
    Jetzt lacht my Häärz voll Fröid, well duu mr gholffe hesch.
    Ych sing E Bsalm für e HEER! Äär het mr nämmlig Guets doo.

14

1   Für e Choorläiter. E Bsalm mid em David verbunde.

    Lüt, wo nid drus kömme, sagen in irem Häärz:
    «S git käi GOTT!»
    Sy handlen eggelhaft und verkeert.
    S git niemerts vo dääne, wo Guets mache duet.

2   Aber dr HEER luegt vom Himmel aabe.
    Er luegt, ob öpper Grips het und nach iim frooge duet.

3   Aber sy sin alli vom HEER abgfalle,
    sy sin alli zämme verdoorbe.
    S git niemerts, wo öppis Guets mache duet!
    Au nid Äi äinzige!

4   Hän denn die Üübeldääter käi Yysicht?
    Sy frässe my Volgg, wie me Broot verschlinge duet.
    Aber zum HEER dien sy nid rieffe!

5   Uf dr Stell sölle sy verschregge.
    Well dr GOTT bi däänen isch, wo grächt sin.

6   Was iir au gegen en Aarme händ, ir wäärded drmit nid duure koo.
    Dr HEER isch nämmlig sy Unterschlupf.

7   Wäär wird denn vo Zion koo und Israel befreie?
    Wenn dr HEER s Schiggsaal vo sym Volgg zum Guete wänded,
    drnoo duet dr Jakob juublen und Israel sich fröie.

15

1   E Bsalm mid em David verbunde.

«HEER, wär daarf in dym Zält Gascht syy?
Wär daarf uf dym häilige Bäärg laagere?»

2   «Äine, won e voorbildligs Lääbe fiert und s Richtige macht
und us diefschtem Häärz d Woored säit:

3   Dää duet niemerts mit eme loose Mundwäärg verlöimde.
Er duet syne Mitmensche nüt Bööses
und bringt syni Noochbere nid in Verrueff.

4   Wär in synen Auge verwoorfen isch, dä stroof er mid Verachtig.
Wär aber im HEER mit Eerfurcht begegned, dä eert er.
Wenn er gschwoore het, no stoot er drzue – au im Noochdäil.

5   Er duet käi Gäld zu hooche Zinse gää.
Und er nimmt käini Beschdächigsgälder gegen en Unschuldigen aa.

«Wär esoo handle duet, dä fliegt nie uf d Naase.»

16

1   En Inschrift, mid em David verbunde.

Due my bewaare, GOTT! Ych suech bi diir Schutz und Hilf!

2   Y ha zum HEER gsäit:
«My GEBIETER[9], du bisch my ganzes Glügg! Nüt stoot über diir!»

3   Aber über die Schyynhäiligen im Land und die Mächtige sag y:
«Nüt duet mr gfallen an däm, wo die mache dien.

4   Sy hän hampflewyys Götzebilder und Götter, wo sy umgaarne.
Sy dien Bluet als Dringgopfer spände. Aber yych mach nüt esoo. Und
d Nääme vo däne Spänder kömme miir nid über d Lippe.»

5   Dr HEER isch my Eerbdäil am Land und git mr dr Bächer.
Duu bisch es, wo my Schiggsaal feschtgleggt het.

6   My Loos isch uf e schööns Land gfalle.
Joo, e sottigs Eerbdäil isch schöön für mii.

7   Ych due dr HEER bryyse, wo my beroote het.
Sogaar in dr Nacht duen y my an syni Wyysigen erinnere.

8   Y ha dr HEER allewyyl vor Auge.
Mit iim an dr Syte kann y nid uf e Sagg gheie.

9   Drum isch my Häärz so fröölig
und my Seel duet vor Fröid juuble.
Sogaar mym Lyyb goots guet.

10 Joo, du duesch my nid em Dooteryych überloo.
Well ych zu dääne ghööre due, wo diir diene dien.

11 Esoo duesch du miir dr Wääg zum Lääbe zäige.
In dynere Geegewaart find i vyyl Fröid
und Glügg an dynere Syte, wo nie ufhööre duet.

---

9   S hebräische Woort אֲדֹנָי (Adonaj) für GOTT han y allewyyl mit «**GEBIETER**» übersetzt

17

1   E Gebätt, mid em David verbunde.

Loos doch, HEER, ych bitt um Grächtigkäit!
Nimm myni Glaagen ärnscht!
Mach dini Ooren uff für my Gebätt!
S kunnt doch vo Lippe, wo d Unwoored nid kenne dien.

2   Wenn ych vor diir stoo, wirsch du my richtig be'uurtäile.
Dini Auge seen, was richtig isch.

3   Du hesch my Häärz durlüüchted,
in dr Nacht hesch myni Gedanggen untersuecht.
Du hesch my theschded wie Metal, ooni Unräins z finde.
Ych bi mr käinere Schuld bewusst.

4   Lueg emoll, was d Mensche dryybe dien! –
Ych ha my ans Woort ghalte,
wo vo dyne Lippe kunnt.
Lueg uf d Wääg vo de Röiber! –

5   Mini Schritt sin dynere Baan gfolggt.
Nüt het my können ins Schlöidere bringe.

6   Ych ha zue dr grueffe, GOTT,
as mr Antwoort gisch.
Heb en offen Oor füür my!
Loos uf das, won yych dr saage will!

7   Wie wunderbaar isch doch dy Gieti.
Mit dynere staargge Hand hilfsch du dääne,
wo dien Schutz sueche vor ire Wiidersacher.

8   Due my bhiete, wie d Bupille vo mym Augöpfel.
Im Schatte vo dyne Flüügel duen y my verstegge –

9   vor de Gottloose, wo uf my loos göön,
vor de Doodfinde, wo my yygräise dien!

10   Sy sin häärzloos
und dien überheebligi Reede schwinge.

11   Sy simmer dicht uf de Fäärse. Joo, sy hän my grad umzingled.
In iren Auge seet me, as sy my hiimache wän.

12   Sy glyychen imene Löi: Ganz gyggerig suecht dää nach ere Böiti.
Sy sin wien e junge Löi: Sprungberäit liggt dää in sym Verstegg.

13   Stand uff, HEER!
Gang uf en loos, mach en kabut!
Due my Lääbe rette vor de Gottloose!

14   Dy Schwäärt söll my rette vor sottige Lüt!
Dy Hand, HEER, soll my schütze vor däne Lüt!
Drum gib ene, was sy verdient hän:
Füll ene numme dr Buuch, mach iri Kinder satt!
Sy mien nämmlig alles, wo sy hän, ire Noochkomme hinterloo.

15   Ych aber dörf dy see, well duu mr Grächtigkäit gää hesch.
Wenn y uffwache due, will ych my an diir satt see könne.

18

1   Für e Choorläiter.
Mid em Gnächt vom HEER verbunde. Dasch dr David.
Äär het mid de Woort vo däm Lied zum HEER bätted.
Sälli Zyt, won en dr HEER us dr Übermacht vo sine Find gretted gha
het – und au us dr Gwalt vom Saul.

2   Und esoo het är bätted:
Ych will dy gärn ha, HEER, du, wo my Steerggi bisch!

3   Dr HEER isch my Felse, my Buurg, my Retter.
My GOTT isch d Feschtig, wo my schütze duet.
Är isch my Schild und s Hoorn am Altaar, wo my Rettig isch.

4   «Briise syg dr HEER», duen y rieffe.
Ych bi in Sicherhäit vor myne Find.

5   Strigg, wo dr Dood dien bedütte, hän sich um my gwiggled.
Wälle, wo Verdeerbe bringe, hän my vor Schregg lo erstaare loo.

6   Mid Höllestrigg bin y gfessled gsii.
Ych bi in d Fangnetz vom Dood groote.

7   In mynere höggschte Noot han y zum HEER grueffe.
Joo, y ha bim GOTT um Hilf gschraue.

In sym Balascht het äär my Rieffe ghöört.
My Gschrei nach Hilf isch bis an sy Oor drunge.

8   Doo het d Äärde gschwanggt und gwanggt.
D Fundamänt vo de Bäärge hän beebt.
sy sin gschwanggt – eso heftig isch sy Döibi gsii.

9   Rauch isch zu synere Naasen uuse koo,
Füür, wo alles uffgfrässe het, isch zu sym Muul uuse koo.
Hitz isch vo iim ussgange, wie Koole, wo glieie duet.

10   Är het dr Himmel aabe boogen und isch obenaabe koo.
Dunggli Wolgge sin unter syne Fiess glääge.

11   Er isch uf eme Cherub gritten und isch do aane gflooge.
Uf em Sturm isch er do aane gsäägled.

12   Er het sich in Finschternis ghüllt.
E dunggli Wolgge het en umgää, wien e Hütten us dichtem Laub.

13   Gwitterwolgge sin vrbyy zooge, durflueted vo heerligem Glanz.
S sin Haagelkörner und Füürblitz gfalle.

14   Dr HEER het im Himmel Donner lo drööne loo,
dr Högschti het sy Stimm lo erschalle.
S sin Haagelkörner und Füürblitz gfalle.

15   Er het syni Pfyyl aabe gschosse – esoo het äär syni Find verströit.
Blitz um Blitz sin aabe koo – esoo het er sy usenander gjagt.

16 Me het dr Boode vom Meer könne see,
   d Fundamänt vo dr Äärde sin frei doo glääge.
   Dy Donnerwätter het daas bewirggt, HEER.
   So heftig het dr Sturm vo dyneren Empöörig tobt.

17 Us dr Hööchi het äär mr d Hand entgeege gstreggt.
   Er het my phaggt und us em Wasser uuse zooge.

18 Er het my vo de Find gretted, wo voll Hass gsii sin.
   Sii wäre nämmlig z stargg gsii für mii!

19 Sy hän my an mym Unglüggsdaag überfalle.
   Aber dr HEER isch fescht an mynere Syte gstande.

20 Äär het my uuse gfiert in d Wyti, het my vonen e befreit.
   Äär het my nämmlig gäärn!

21 Dr HEER het mr Guets do, wie s mym Handlen entspricht.
   Myni Händ sin frei gsii vo Schuld, uf daas het er gluegt.

22 Joo, ych bi de Wääg vom HEER gfolgt
   und nid vo mym GOTT abgfalle.

23 Joo, ych ha alli Gebott vo iim vor mynen Auge gha
   und ha käins vo syne Gsetz uf dr Syte gloo.

24 Ych richt my ganz nach sym Wille,
   as y käi Schuld uf my laade due.

25 Dr HEER het my beloont, wie s mym Handlen entsräche duet.
   Myni Händ sin frei gsii vo Schuld, uf daas het er gluegt.

26 Im Dröie gegenüüber zäigsch duu dy dröi.
   Im Ufrichtige duesch du ufrichtig begeegne.

27 Däm, won e wyssi Weschte het, duesch du au suuber begeegne.
   Wär aber e grumme Wääg goot, dää losch im Gräis umme laufe.

28 Joo, duu sälber hilfsch dym druggte Volgg.
   Aber die Auge, wo stolz ufluege dien, die druggsch duu aabe.

29 Joo, duu sälber, HEER, bringsch Liecht in my Lääbe.
My GOTT, du machsch alles Dunggle häll, wo um my ummen isch.

30 Joo, mid diir kann y Bollwäärgg erstüürme.
Mid mym GOTT hüpf ych über Muure.

31 Esoo isch dr GOTT: Sy Wääg isch pherfeggt!
S Woort vom HEER het sich bewäärt.
Är isch e Schild wo alli schützt, wo bi iim Hilf sueche dien.

32 Jo, wär isch denn GOTT, wenn nid dr HEER?
Wär isch e Felse, wenn nid unsere GOTT?

33 Esoo isch dr GOTT: är duet mr Graft schänggen
und loot my Wääg vollkomme syy.

34 Myni Fiess macht er flingg wie Hiirschkie
und myni Dritt ganz sicher uf de hooche Bäärge.

35 Myni Händ leert er, wie me kämpfe duet,
und myni Äärm, wie men e Booge spannt.

36 Duu hesch mr dr Schild gää zum Zäiche vo dynere Hilf.
Esoo wird dy rächti Hand my stützen
und dy Zuespruch my steergge.

37 Du machsch für myni Schritt vyyl Blatz,
as ych miir d Gnöchel nid verstuuche due.

38 Myne Find duen y nooche segglen und due sy yyhoole.
Ych keer nid um, bis sy vernichted sin.

39 Ych will sy uf e Boode schloo, as sy nümmen uffstoo könne.
Und scho gheie sy miir vor d Fiess.

40 Esoo hesch duu mr Graft gää zum dr Kampf bestoo.
Myni Geegner hesch duu in d Gnöi zwunge.

41 Mid em Rugge zu miir sin myni Find drvoo gloffe.
Und alli, wo my ghasst gha hän, han y könne vernichte.

42 Sy hän gschraue, s isch enen aber niemer go hälffe koo.
Sy hän zum HEER gschrauen, aber äär het ene käi Antwort gää.

43 Ych ha sy wie Staub vor em Wind verriibe.
    Wie Drägg han y sy uf d Strooss gschmisse.

44 Du duesch my bewaare vor Stryttereien im Volgg.
    Du machsch my zum Heerscher über Völgger.
    Völgger, won y nid kenne due, dien mr diene.

45 Wenn sy my höre, denn folge sy.
    Wildfremdi Lüt hüüchle mr voor, as sy mr ergääbe syge.

46 Fremdi, wo driibe sin vo schweere Nööt,
    kömmen us ire Schlupflöcher füüre.

47 Dr HEER duet lääbe! My Felse! Ych will en bryyse!
    My GOTT, wo mr duet hälffe, dää will y hooch loobe!

48 Soo isch dr GOTT: Är git mr Gläägehäit zum vergälte.
    Völgger het er unter my Heerschaft zwunge.

49 Vor myne Find het er my befreit.
    Joo, duu loosch my über myni Geegner driumfiere,
    duesch my rette vor dr Gwalt vo grausaame Mensche.

50 Drum will ych diir danggen unter de Völgger, HEER.
    Dy Naame will y bryyse mid eme Bsalm.

51 Sym König verschafft er Syyg um Syyg
    und sym Gsalbte duet er d Dröi'i halte:
    im David und synen Noochkommen alli Zyt.

19

1   Für e Choorläiter. E Bsalm, mid em David verbunde.

2   D Himmel verzelle d Heerligkäit vom HEER.
     Und was syni Händ gmacht hän, daas säit s Wältall de Mensche.

3   Äi Daag rieft die Bootschaft em andere zue.
     Äi Nacht duet ir Wüsse der näggschde midtäile.

4   Daas basiert alles ooni Wort und ooni Sprooch.
     Waas sy enander saage dien, daas höört me nid.

5   Aber iri Bootschaft goot uusen in alli Wält.
     Was sii verzelle dien, das dringt bis ans Ändi vo dr Wält:

     Döört het äär für d Sunnen e Zält ufgestellt.
6   Wien e Brütigam kunnt sy us sym Hochzytszimmer uuse.
     Wien e Held fröit sy sich, as sy iri Baan über e Himmel zie ka.

7   Vom äinen Ändi vom Himmel goot sy us
     und lauft überen ans anderen Ändi.
     Nüt blybt vo irere Gluet verboorge.

8   D Wyysig vom HEER isch pherfeggt:
     sy bringt dr Seel iri Lääbensgraft zrugg.
     D Voorschrift vom HEER isch zueverlässig:
     Sy macht die Unerfaarene gscheit.

9   D Aawyysige vom HEER sin äifach:
     Sy dien s Häärz mid Fröid erfülle.
     D Gebott vom HEER sin glaar:
     Sy löön d Auge lüüchte.

10   S Woort vom HEER het sich bewäärt:
     S blybt für immer bestoo.
     D Gsetz vom HEER sin woor:
     Sy sin grächt ooni Ussnaam.

11   Sy sin wäärtvoller als Gold, als räins Fyyngold.
     Sy sin siesser als Hoonig, als feine Biinehoonig.

12   Aud dym Gnächt stöön sy vor Auge, wie sy eso lüüchte dien.
     Er muess sy numme befolge, drno wird er ryychlich beloont.

13   Aber wäär kennt scho alli syni Verfäälige?
     Drum due my frei spräche vo de Fääler, wo mr nid bewusst sin!

14   Due dy Gnächt au bewaare vor dr Unbeherrschthäit!
     Die söll käi Macht über en gwünne.
     Drno kann ych frei wäärde vo schweere Verfäälige.

15   Heb Gfallen an däm, won ych saage due.
     Und was my Häärz dänggt, das lo vor diir bestoo:
     Du, HEER, bisch my Fels und my Erlööser!

20

1   Für e Choorläiter.
    E Bsalm, mid em David verbunde.

2   Diir het dr HEER en Antwort gää, wo duu in Noot groote bisch!
    Bschütze söll dy dr Naame, wo dr GOTT vom Jakob draage duet!

3   Är söll dr Hilf us sym Häiligdum sände,
    vom Bärg Zion häär söll er diir byystoo!

4   Är söll an alli Gaabe dängge, wo du iim bringe duesch.
    Är söll dy Brandopfer entgeege nää als e bsunders Stügg!

    Sela

5   Äär söll dr gää, was dy Häärz wünsche duet,
und söll dr alli dyni Blään erfülle!

6   Miir wän juublen über dy Syyg
und d Faane schwingen im Naame vo unserem GOTT.
Dr HEER söll alli dyni Bitten erfülle!

7   Jetz wäiss y:
Dr HEER hilft sym Gsalbte.
Er sänded en Antwoort vo sym himmlische Häiligdum.
Sy staarggi Hand hilft mid Macht.

8   Mängi dien sich uf Stryttwääge verloo, anderi uf Schlachtross.
Miir aber dien ys bekenne zum Naame vom HEER!

9   Drno stüürze sy scho und gheien um.
Miir aber stöön zämmen und halte stand.

10   HEER, lo dr König syyge!
Duen ys antwoorte, wemmer zue dr rieffe dien!

21

1   Für e Choorläiter. E Bsalm, mid em David verbunde.

2   HEER, über dyni Macht duet sich dr König fröie.
Wie duet är so fröölig übere Syyg juuble!

3   Sy Häärzenswunsch hesch du iim erfüllt.
Duu hesch em die Bitt vo syne Lippe nid abgschlaage.
Sela

4 Joo, du hesch en überhüft mit Gaabe voll vo Sääge.
Die goldigi Groone hesch duu em ufgsetzt.

5 Er het dy um Lääbenszyt bätte!
Duu hesch em e langs Lääbe gschänggt – für immer und eewig.

6 Grooss isch sy Autoritäät wääge dym Syyg.
Duu duesch em machtvolle Glanz gää.

7 Joo, du machsch, as er für immer säägensryych wiirgge duet.
Dy Geegewart erfüllt en mid Fröid.

8 Joo, dr König duet uf e HEER Verdraue!
Er duet uf d Gieti vom Höggschte bauen und kunnt nid ins Waggle.

9 Dy Macht söll alli dyni Find dräffe.
Und due die mit staargger Hand strooffe, wo dy hasse dien.

10 Lo sy brenne wie imenen Oofe, wenn duu, HEER, kunsch.
In synere Döibi wird er sy vernichte. Und Füür wird sy uffrässe.

11 Due iri Noochkomme vo dr Äärde jaagen
und iri Kinder us dr Menschewält entfäärne.

12 Joo, Unhäil wän sy über dy bringe.
Sy hän sottigi Blään gschmiided – aber ooni Erfolg!

13 Joo, mid em Rugge zu diir seggle sy drvoo,
sobald duu dy Boogen uf sy richte duesch.

14 Stand uff, HEER! Zäig dyni Macht!
Drnoo wämmer singen und dy Steerggi bryyse.

22

1   Für e Choorläiter.
    Nach dr Melodyy: «Hirschkue vom Moorgeroot».
    E Bsalm, mid em David verbunde.

2   «My GOTT, my GOTT, wäge waas hesch du my verloo?
    My Schrei nach Hilff verhallt, ooni as er ghöört wiird.

3   «My GOTT», so rief y jede Daag, aber duu gisch käi Antwoort.
    Au wen y in dr Nacht rieff, duet my Schwyygen umgää.

4   Duu aber, duu bisch dr Häiligi!
    Duu duesch über de Looblieder vo Israel droone!

5   Uf dii hän scho unseri Eltere verdraut.
    Sii hän druf verdraut, as du sy rette duesch!

6   Sy hän zu diir gruefen und sin gretted woorde.
    Uf dii hän sy sich verloo und sin nid enttüscht woorde.

7   Aber yych bin e Wuurm und käi Mensch me –
    e Gspött vo de Lüt und verachted vom Volgg!

8   Alli, wo my see dien, lache nummen üüber my.
    Sy spitze d Lippe, sy schüttle dr Kopf:

9   «Söll er doch sy Ruggsagg uf e HEER gheie, as er en rette kaa!
    Drno söll er en befreie. Schliesslig isch er jo sy Fründ!»

10 Jo, du hesch my us em Buuch vo mynere Mueter uuse zooge.
    An dr Bruscht vo mynere Mueter hesch duu my Verdraue gleert.

11 Uf dii bin y aagwiise syt mynere Gebuurt.
    Vom eerschte Schnuufer aa bisch du eläi my GOTT!

12 Blyb nid wyt ewägg vo miir!
    D Noot isch nämmlig esoo nooch.
    Und sunscht han y niemerts, wo mr hälffe duet.

13 Muuni ooni Zaal hän my umstellt.
Riise-Büffel us Basan dien my bedränge.

14 Doo speert äine sy Muul uff, well er my phagge will –
s isch e gfräässigen und brielende Löi!

15 Ych füül my wie Wasser, wo verschütted isch
und ha käi Gwalt me über myni Gliider.
My Lääbensmuet isch wäich wie Waggs,
ewägg gschmolzen in mym Innere.

16 Drogge wien e Doonschäärpen isch my Hals
und d Zunge gläbbt mr scho im Muul.
Esoo duesch duu my in Staub zu de Doote bette.

17 Joo, d Hünd dien sich zämme rotte!
E Möiti vo Bööse het my yygräist wien e Löi.

18 Scho duen y alli myni Gnoche zelle.
Sii aber luege zue, sy gaffe my aa.

19 Scho verdäile sy myni Gläider unter sich
und dien s Loos wäärfen über my Mantel.

20 Aber duu, HEER, blyb nid ewägg vo mr!
Duu bisch my Steerggi, hilff mr schnäll!

21 Due my Lääbe vor em Schwäärt bewaare,
s isch my äinzig Guet vor dr Gwalt vo de Hünd!

22 Due my us em Rache vom Löi retten
und vor de Höörner vo de wilde Stier! – Duu hesch my erhört.

23 Ych will myne Briedere vo dym Naame verzelle.
Im Gräis vo dr Gmäind will y dy loobe.

24 Iir, wo au dr HEER vereere diend, loobed en mid mr!
Alli, iir Noochkomme vom Jakob, gänd iim d Eer!
Zolled em Reschpäggt, alli, ir Noochkomme vo Israel!

25 Denn s Eeländ, wo mii Arme bedrugge duet,
het äär nid übersee und nid missachted.
Sy Gsicht het er nid vo miir versteggt.[10]
Äär het my ghöört, won yych um Hilf gschraue ha.

26 Vo diir duet my Bsalm in dr Feschtversammlig erschalle.
Voor den Auge vo dynere Gmäind will y my Gelübde erfülle:

27 «Armi söllen ässen und satt wäärde.
Die, wo dr HEER sueche dien, söllen en loobe».
Bekömmed also nöie Lääbensmuet, für immer!

28 Alli Länder vo dr Äärde sölle dra dänggen
und zum HEER umkeere!
Die ganzi Gmäinschaft vo de Völgger
söll vor iim uf d Gnöi falle!

29 S Königryych ghört im HEER.
Äär isch dr Heerscher über d Völgger.

30 Alli sölle vor iim uf d Gnöi falle,
wo im Vollbsitz vo ire Greft stoo dien!
Alli sölle vor iim d Gnöi böige,
wo in Staub zu de Doote göön.
Joo, dänen iri Seele het er nid am Lääbe gloo.

31 D Noochkomme wäärden em diene.
Au dr näggschde Generazyoon wird me vom GOTT verzelle.

32 Und däm Volgg, wo no geboore wiird,
wird men über sy Grächtigkäit saage: «Äär het s gmacht!»

---

[10] Wenn dr HEER s Gsicht verstegge duet, drno het daas zu sälere Zyt bedütted, as dr HEER sich
vo de Mensche abwände duet, sy linggs ligge loot.

23

1   E Bsalm, mid em David verbunde.

Dr HEER isch my Hiirt.
Miir duet gaar nüt fääle.

2   D Wäide sin saftig grien. Doo loot er my ganz rueig liige.
Er fiert my zu früsche Wasserstelle.

3   Döört duet er my Seel früsch mache.
Er fiert my dur s Lääben uf grächte Spuure.
Doo drfüür stoot er mid sym Naamen yy.

4   Und wenn y dur s finschtere Daal mues,
wo d Schatte syn vo de Doote,
no han y drotzdäm käi Angscht vor de Gfoore.

Duu bisch nämmlig immer an mynere Syte!
Dy Stäggen und dy Staab
dien my schützen und dröschte.

5   Duu duesch für mii e Disch degge
vor den Auge vo myne Find.
Duu duesch myni Hoor mid Ööl salben
und füllsch my Bächer bis oobenaane.

6   Nüt als Liebi und Gieti dien my begläiten alli Daag vom Lääbe.
Myy Blatz isch im Huus vom HEER.
Döört aane wiird ych immer wiider zrugg koo –
my ganzes Lääbe lang!

24

1 E Bsalm, mid em David verbunde.

Im HEER ghöört die ganzi Wält mid allem, wo sy fülle duet.
Iim ghört s Feschtland mid syne Bewooner.

2 Über em Uurmeer het er nämmlig d Äärde veranggered,
über de Wasserfluete macht er sy fescht.

3 «Wäär döörf uffe goo zum Bäärg vom HEER
und wäär döörf sy häiligen Oort bsueche?»

4 «Äine, wo mid Händ ooni Schuld
und emene eerlige Häärz döört erschyyne duet!
Äine, wo käi Falschhäit kennt und nid falsch schwööre duet.»

5 «Wär daas mache duet, wird vom Sääge griegen
und vom GOTT, won em hälffe duet, grächt gmacht.»

6 Dasch die Generazyoon, wo noch em frooge duet:
Sy sueche dyy Geegewaart, GOTT vo Israel.

Sela

7 Ir Düüre vom Dämpel sind voller Fröid!
Ir Düüre vo dr Uurzyt, göönd wyt uff!
Dr König vo dr Heerligkäit kunnt!

8 «Wär isch dr König vo dr Heerligkäit!»
S isch dr HEER – äär isch staargg und mächtig!
S isch dr HEER – äär isch machtvoll im Grieg!

9 Ir Düüre vom Dämpel sind voller Fröid!
Ir Düüre vo dr Uurzyt, göönd wyt uf!
Dr König vo dr Heerligkäit kunnt!

10 «Wär isch daas – dr König vo dr Heerligkäit?»
    S isch dr HEER vo de himmlische Heerschaare.
    Äär isch dr König vo dr Heerligkäit!

Sela

25

1   E Bsalm, mid em David verbunde.

(א) Zu diir, HEER, duen y draage,
was mr uf dr Seel brenne duet.

2   (ב) My GOTT, uf dii han y verdraut! Lo my käi Enttüschig erlääbe!
    Sunscht dien myni Find über mii driumfiere.

3   (ג) S wiird jo niemerts enttüscht, wo uf dii hoffe duet.
    enttüscht wird numme dää, wo dii dröiloos verloo duet.

4   (ד) Due mr die Wääg zäige, HEER, wo duu bestimme duesch!
    Und due my leeren uf dyne Wääg goo!

5   (ה) Due mr byybringe, as y nach dynere Woored läbe due!
    Duu bisch es nämmlig, HEER, wo miir hilfft!
    (ו) Und esoo will y uf dii hoffe dr ganzi Daag!

6   (ז) Dängg an dyni Barmhäärzigkäit und Gieti, HEER!
    Duu handlisch nämmlig syt Uurzyten esoo!

7   (ח) Dängg nid an daas, won y falsch gmacht ha in mynere Juugend.
    Dängg esoo an mii, wie s dynere Gieti entspräche duet!
    Duu mäinsch es jo soo guet mid miir, HEER.

8 (ט) Dr HEER isch grächt und guet.
Wäge däm duet äär de Sünder dr Wääg wyyse.

9 (י) Är hilft de Deemietige, zum Gricht goo.
Er duet die Unterdruggde sy Wääg leere.

10 (כ) Alli Wääg, wo dr HEER bestimmt, sin Gieti und Woored.
Er hilfft dääne, wo sy Bund halten und syni Wyysig befolge dien.

11 (ל) Blyb dym Naame dröi, HEER,
und due mr myni Schuld vergää – sy isch so grooss!

12 (מ) Wär isch dä Mensch, wo im HEER mid Eerfurcht begeegnet?
Iim duet er dr Wääg zäige, won er nää söll.

13 (נ) Esoo wird er über Nacht sy Glügg finden
und syni Kinder wäärde s Land eerbe.

14 (ס) Dr HEER isch mid dääne, wo iim mid Eerfurcht begegn.
Sy Bund dient drzue um sy z underwiise.

15 (ע) Myni Auge luegen immer uf e HEER.
Äär sälber ziet nämmlig myni Fiess us em Netz.

16 (פ) Due dy zu miir dräÄien und heb Erbaarme mid mr!
Ych füül my nämmlig eläi und unglügglig.

17 (צ) Due my us mynere Bedrängnis befreie,
Mach mr my Häärzglemmen ewägg!

18 (ק) Nimm my Unglügg und my Läid vo mr!
Schaff alli myni Sünden us dr Wält!

19 (ר) Lueg numme, wie vil Find ych ha
und wie abgrunddieff sy my hasse!

20 (ש) Due my Lääbe schützen und due my rette!
Bi diir suech y nämmlig Hilf und Schutz!

21 (ת) Vorbildlig und eerlig will ych lääbe.
Uf dii hoff y nämmlig.

22 O GOTT, due Israel befreien
us all synere Noot!

26

1   E Bsalm, mid em David verbunde.

Verhilff mr zum Rächt, HEER! Y bi nämmlig voorbildlig
dur s Lääbe gange.
Ych ha uf e HEER verdraut, ooni in s Schlöidere z koo.

2   Due my theschte, HEER, gang mym Due uf e Grund!
Due my uf Häärz und Nieren undersueche!

3   Joo, ych ha dyni Gieti immer vor Auge.
Und ych ha nach dynere Woored gläbt:

4   Ych bi nid mid dääne zämme ghoggt, won e falsches Spiil driibe hän.
Und mid böösartige Lüt han y my scho gaar nid yygloo.

5   Ych ha d Gsellschaft vo den Üübeldääter ghasst
und ha my vo de Gottloose fäärn ghalte.

6   Ych due myni Händ in Unschuld wäschen
und gang fyyrlig um dy Altaar ume, HEER.

7   Drzue sing y ganz lut e Dangglied
und due vo dyne wundervolle Daate verzelle.

8   HEER, ych ha s Huus gäärn, wo duu drin woone duesch
und dr Ruum, wo dy Heerligkäit erfüllt.

9   Due my nid zämme mit de Sünder venichten
und mid de Mensche, wo Bluet vergiesse dien!

10 An ire Händ gläbbt jo abschöiligs Handle.
Und iri Händ sin voll vo Bestächigsgälder.

11 Yych aber gang voorbildlig dur s Lääbe.
Due my befreien und schängg mr Gnaad!

12 Jetz han y feschte Booden unter de Fiess.
Für daas will y dr HEER bryysen in de Versammlige.

27

1 E Bsalm, mid em David verbunde.

Dr HEER isch my Liecht und my Glügg.
Vor wäm sötti denn Angscht ha?
Dr HEER isch dr Schutz vo mym Lääbe.
Vor wäm sötti denn verschregge?

2 Lüt mid böösen Abbsichte mache sich an my aane.
Sy wän my verschlinge mid Hut und Hoor.
Sy sin myni Geegner und myni Find.
Aber sy mien schytteren und stüürze.

3 Au wen e HEER my belaagere sotti,
blybt my Häärz ganz ooni Angscht!
Sogaar wenn e Grieg gege my ussbräche sotti,
duen ych drotzdäm an mym Verdraue feschthalte.

4 Ych han en äinzigi Bitt an HEER!
Nüt anders duen ych mr wünsche:
Yych möchte im HEER sym Huus syy
alli Daag vo mym Lääbe.
Ych möchte im HEER sy Schöönhäit see
und sy im Innere vo sym Dämpel aaluege.

51

5 Äär duet my nämmlig in synere Hütte bewaaren
am Daag, wo mr Unhäil droot.
Äär bieted mr Schutz underem Dach vo sym Zält,
und er duet my uffe lüpfen uf e sichere Felsen uufe.

6 Jetz kani über myni Find driumfiere,
die, wo my vo allne Syten umgää dien.
Joo, ych will Opfer bringen in sym Zält,
Juubel-Opfer.
Für e HEER will ych singen und musiziere.

7 Höör doch HEER, wien y lut due rieffe!
Heb Erbaarme mid mr und gib mr Antwoort!

8 Ych ha über dy Woort sinniert:
«Iir sölled my Nööchi sueche!»
Joo, dy Geegewaart, HEER, will y sueche!

9 Due dy Gsicht nid voor mr verstegge!
Due dy Gnächt nid in dr Wuet zrugg wyyse!
Duu bisch doch my Byystand!
Gib my Fall nid verlooren und los my nid im Stich!
GOTT, duu bisch doch my Aawalt!

10 Dr Bappen und d Mamme hän my verloo.
Aber dr GOTT stoot fescht an mynere Syte.

11 HEER, due mr dy Wääg zäigen
und fier my graadlinig dur s Lääbe!
Denn luege myni Verlöimder in d Rööre.

12 Due my nid em Drugg vo myne Find überloo!
S syn nämmlig falschi Züügen uffgstande,
sy wän d Unwoored gege my voorbringe.

13 Was wäär miir basiert, wenn y nid fescht uf dii verdraut hätti:
Yych wird d Gieti vom HEER erfaaren im Land vo de Lääbige.

14 Drum hoff uf e HEER!
Syg staargg und due Muet fasse!
Setz dy Hoffnig uf e HEER!

28

1   E Bsalm, mid em David verbunde.

Zu diir, HEER, will y rieffe.
My Felse, due dy nid daub gege my stelle!
Wenn duu nämmlig miir gegenüüber schwyyge duesch,
denn bin y grad wie sälli Mensche, wo in d Grueben aabe mien.

2   Höör doch my luts Bättle,
wen y zu diir um Hilf rieffe due –
wenn ych im Gebätt myni Händ ufhebe due
zum Allerhäiligschden in dym Häiligdum:

3   Due my nid zämme mid de Gottloose vernichten
und mid dääne, wo nüt als Unhäil aarichte dien!
Die dien zwoor mid ire Noochbere fründlig reede,
aber drbyy hän sy numme Bööses im Sinn.

4   Giib ene, was sy verdiene dien!
Due sy für iri bööse Daate bestrooffe!
Gib ene für daas, wo sy mid äigene Händ gmacht hän!
Und los iir Wiirggen uf sy zrugg falle!

5   Sy wän nämmlig nid see, was dr HEER macht,
und nid anerkenne, was er vollbringe duet.
Drum wiird er sy an Boode schmäissen und nie wider ufrichte.

6   Briise syg dr HEER!
Är het nämmlig my luts Bättle ghöört.

7   Dr HEER isch my Schutz und my Schild.
Iim han y vo ganzem Häärze verdraut –
und miir isch gholfe woorde. My Häärz duet vor Fröid juuble.
Mid mym Lied will ych em dangge.

8   Dr HEER isch e Zuefluchtsoort für sy Volgg,
e rettendi Buurg für sy Gsalbten isch er.

9   Hilff dym Volgg und due dy Äigedum säägne!
Due sy wäide, wien e Hiirt sy Häärden
und bring sy sicher dur alli Zyte!

29

1   E Bsalm mid em David verbunde.

Gänd im HEER d Eer, ir himmlische Wääse!
Gänd sy em HEER und diend sy Macht anerkenne!

2   Gänd em HEER d Eer, wo sym Naame gebüüre duet!
Falled uf d Gnöi vor em HEER, im häilige Schmugg.

3   D Stimm vom HEER duet über de Gwässer erschalle.
Dr GOTT, won em d Eer gebüüre duet, lott s lo donnere loo:
Joo, dr HEER droont über de gwaltige Wasser!

4   D Stimm vom HEER dröönt mid allere Graft.
D Stimm vom HEER döönt grandyoos.

5   D Stimm vom HEER ka Zeedere verschmättere.
So het dr HEER d Zeederen im Libanon verbroche:

6   Drno het dr Libanon vor em ghüpft wien e Kalb,
s Hermongebiirge wien e junge, wilde Muuni.

7   D Stimm vom HEER
duet Füürflamme spöie.

8 D Stimm vom HEER lot Wieschdene beebe:
   Esoo het d Wieschdi Kadesch vor em HEER beebt.

9 D Stimm vom HEER duet Böim ume wiirble:
   Esoo sin Wälder wie kaal gschlaage.
   Und alli in sym Balascht dien rieffe: «D Eer syg iim!»

10 Joo, dr HEER duet über dr groosse Fluet droone.
    Esoo het dr HEER dr Königsdroon bestiige.
    Jetzt duet er als König für alli Zyte heersche!

11 Dr HEER wiird sym Volgg Graft schängge!
    Dr HEER wiird sy Volgg mid Friide säägne!

30

1 E Bsalm mid em David verbunde,
   zur Yywei'ig vom Dämpel.

2 Hööcher als alles, wo s git, will y dy loobe, HEER!
   Duu hesch myni Find nid lo über my driumfiere loo.

3 HEER, my GOTT, y schrei zu diir, as mr hälffe duesch.
   Duu hesch my wider gsund gmacht.

4 HEER, duu hesch my us em Dooteryych uuse ghoolt
   und in s Lääbe zrugg brocht – vo dääne, wo in s Graab aabe mien.

5 Diend für e HEER singe, iir, wo zuenem ghööre diend!
   Dangged em und dängged draa: Häilig isch äär!

6   Nuur en Augebligg het sy Wuet aaduurt,
aber sy Gieti duet s ganze Lääben umfasse.
Zoobe mues äine vyyl brieele,
aber am Moorge fröit er sich drno wiider.

7   Yych aber ha dänngt, soorgloos, wien y bi:
Nüt ka my umwäärfe, gaar nüt in däre Wält!

8   Duu, HEER, hesch my in dynere Gieti uf e Bäärg gstellt.
Aber wo duu ewägg gluegt hesch, do bin y vor Schregg staar woorde.

9   Ych rieff immer wiider zu diir, HEER!
Dii, my GOTT, duen y yydringlig um Gnaad bitte:

10   Was hesch denn duu drvoo, wenn y ins Graab aabe muess?
Ka dr Staub öppe dangge? Oder ka äär vo dynere Dröi'i verzelle?

11   Loos zue, HEER, und heb Erbaarme mid mr!
Duu bisch es doch, HEER, wo mr hälffe kaa!»

12   Joo, du hesch my Druurgsang in e Fröidedanz verwandled.
Du hesch mr dr Sagg ewägg gnoo und mr e Feschtgläid aagleggt.

13   Drum will ych diir e Bsalm singen und nid uffhööre:
HEER, my GOTT, für immer will ych dr e Dangglied singe!

31

1   E Bryysig mid em David verbunde. Für e Choorläiter.

2   Bi diir, HEER, suech y Unterschlupf!
Due my nid enttüsche – äifach gaar nie!
Due my rette, duu bisch doch grächt!

3   Heb en offes Oor für my!
Due my befreie, so schnäll s goot!
Syg für mii e Felsen, e Verstegg!
Syg für mii e befeschtigts Huus, won y my yyne ka rette!

4   Joo, duu bisch my Felse – e Verstegg!
In dym Naame due mr dr Wääg zäigen und due my fiere!

5   Lo my vor däm Fangnetz abhaue
wome häimlig für my ussgleggt het.
Duu bisch nämmlig dää, wo my schütze duet.

6   In dy Hand yyne duen ych dr Huuch vo mym Lääben yyne leege.
Du hesch my erlööst, HEER. Duu bisch e dröie GOTT.

7   Ych hass die Mensche, wo sich an e Floobigg glammere dien.
Ych aber ha uf e HEER verdraut.

8   Ych will juublen und my an dynere Gnaad fröie.
Duu hesch nämmlig gsee, wie fescht yych due lyyde,
und hesch gmeerggt, in wellere Noot ych by.

9   Duu hesch my nid im Find überloo.
Du hesch my uf e wyts Fäld gstellt, won y my frei beweege ka.

10   Heb Erbaarme mit mr, HEER. Ych ha waansinnig Angscht.
My Lyyd vrgläbbt mr d Auge, dringt dur d Seel und dr Lyyb.

11 Joo, my Lääbe duet unter Schmäärze verbröösmelen
und underem Süüffzge vergöön myni Joor.
Y bi sälber schuld gsii, as myni Greft gsungge sin.
Myni Gliider sin ganz schwummig.

12 In den Auge vo alle myne Fründ bin y e Schandflägg woorde – und e
Schregg-Gschpängscht für myni Noochbere.
Wenn sy my uf dr Strooss see dien, seggle sy voor mr ab.

13 Y bi vergässen als wäär y doot – käine het e Häärz füür my.
E Schäärbehuffe – daas bin y!

14 Joo, ych ha das ganz bööse Gschwätz ghöört.
Waas für e Grauen isch daas für mii gsii.
Sy hän sich gege my zämme grotted.
Sy hän my welle kabooris mache.

15 Yych aber ha uf dii, HEER, verdraut.
Yych gibs zue: Duu bisch my GOTT!

16 In dynere Hand liggt my Zuekunft.
Due my us dr Gwalt vo myne Find und myne Verfolger rette!

17 Lo dy Gsicht über dym Gnächt lüüchte.
Hilff mr und lo my esoo dy Gietie erfaare!

18 HEER, due my nid enttüsche,
ych ha nämmlig zu diir um Hilf grueffe.
Aber die gottloose Spitzbuebe, die söllen uf d Naase gheie –
sy sölle zum Schwyyge veruurdäilt syy im Dooteryych.

19 Iri Lippe sölle zuebunde syy. drmit iri Liegen ändlig ufhöören
und ir frächs Gschnuur über die Grächte,
wo numme Gröössewaan und Verachtig kennt.

20 Wie unerschöpflig isch doch dy Gieti!
Duu duesch sy beräit halte für die, wo dy vereere dien.
Us dym Voorroot an Gieti können alli lääbe,
wo bi diir vor de Mensche Schutz sueche dien.

21 Duu nimmsch sy unter dy phersöönlige Schutz
    vor em Döibele vo de Lüt.
    Döört sin sy sicher
    vor em Lämpen und vor em Zangge.

22 Briise syg dr HEER!
    Wie wunderbaar isch doch sy Gieti,
    won ych in dr befeschtigte Stadt ha döörfen erfaare.

23 Aber in myneren Angscht han y dänggt:
    Duu hesch my us dynen Auge verloore!
    Aber duu hesch my luts Bättle ghöört,
    won ych zu diir um Hilf gschraue ha.

24 Händ dr HEER gärn, alli ir Fromme zämme!
    Dr HEER duet alli schütze, wo zuenem halte dien.
    Aber die Hoochnääsige, die duet er in Sänggel stelle.

25 Sind stargg und diend nöie Muet fasse –
    iir alli, wo uf e HEER hoffe diend!

32

1 Midem David verbunde, E Bsalm zum Leere.

   Glügglig darf sich e jeede schetze wonem syni Fääler vergää,
   wonem syni Sünde zuedeggt woorde sin.

2 Glügglig dr Mensch, wonem dr HEER d Schuld nid aarächned.
   Esoo duet er sich nid sälber verseggle.

3 Aber won yych gschwiige ha, hän myni Gnochen afo wee due.
   Do han y dr ganzi Daag gstöönt.

4 Daag und Nacht han y gspüürt, wie dy Hand my aabedruggt.
   Flach glääge bin y wien e Fäld, wo d Summerhitz ussdroggned het.
   Sela

5   Jetz möchte y diir myni Sünde verzellen
und my Schuld nümme lenger verstegge.
Ych ha gsäit: «Ych due im HEER verzelle, was y boosged ha!»
Drnoo hesch du d Schuld vomer gnoo, won y uf my glaade ha.

Sela

6   Drum söllen alli Fromme zu diir bätte,
wenn sy in Bedrängnis groote sin.
Und wenn d Wälle hooch uffsprütze, wäärde sy glyych nid nass.

7   Du bisch my Schutz, du nimmsch mr d Angscht!
Du losch my Menschen um my umme ha,
wo my Rettig bejuuble dien.

Sela

8   Ych will dr Wääg zäigen und saage, wo de duure muesch.
Ych due dy im Aug bhalten und gib dr dää Root:

9   Syg nid wien e Ross oder e Muuldier!
Die hän nämmlig käi Grips im Kopf!
Däänen ire Pfupf muess me mid Zaum und Züügel bändige.
Sunscht folge sy dr nid!»

10   Wär sich gege dr HEER ufläänt, dä wird vyyl Schmäärze ha.
Wär sich aber uf e HEER verloot, dä wird vo synere Gieti yyghüllt.

11   Diend öich übere HEER fröien und diend juublen, ir Grächte!
Sind doch alli fröölig, iir, wonen eerlig Häärz händ!

33

1   Diend dr HEER bryysen, ir Grächte!
S isch d Ufgoob vo eerlige Menschen, as sy e Looblied singe dien.

2   Dangged im HEER mit de Zupfinstrumänt!
Spiiled uf dr Standhaarfe mit de zää Säite!

3   Diend für iin e nöis Lied singe!
Diend d Säite zupfe voll vo Juubel!

4   S Woort vom HEER isch nämmlig vollkomme.
Uf das, won äär mache duet, kasch dy ganz und gaar verloo.

5   Äär duet gäärn für Rächt und Oornig sorge.
D Gieti vom HEER erfüllt die ganzi Wält.

6   Dur s Woort vom HEER isch dr Himmel entstande.
Und dur sy Schnuufe het s Stäärnemeer afo lüüchte.

7   Äär het s Wasser vom Meer gsammled und dur e Damm yygfasst.
Er het d Fluete vo dr Uurzyt in himmlische Schöpf gspäichered.

8   Die ganzi Wält soll sich vernäige vor em HEER.
Vor iim söllen alli, wo d Wält bewoonen, in Eerfurcht lääbe.

9   Yoo, wiirgglig: Äär het öppis gsäit und scho isch es basiert.
Äär het s befoolen und alles isch doo gsii.

10   Dr HEER duet d Blään vo de Völgger über e Huffe gheie.
Är duet daas verhindere, wo d Nazyoone bschlosse hän.

11   Aber im HEER sy Blaan duet für immer gälte.
Was äär bschlosse het, duet für alli Generazyoone gälte.

12   Glügglig isch daas Land, wo dr HEER als GOTT ha darf –
daas Volgg, won äär als sy Äigedum ussgwäält het!

13   Dr HEER luegt vom Himmel obenaaben
uf alli Menschekinder.

14   Vo sym Woonsitz us seet er alli,
wo uf dr Äärde woone dien.

15   Äär het ene dr Verstand ins Häärz gleggt.
Wien e Häftlimacher luegt er uf alles, wo sy mache dien.

16 E König ka dr Syyg au mid em steerggschte HEER nid erzwinge.
Käi Kämpfer ka sich rette – au nid dur dr grööschti Heldemuet.

17 Wäär sich uf sy Ross verloot, wiegt sich in ere falsche Sicherhäit.
Dur däm sy Schnälligkäit und Graft ka sich niemerts rette.

18 Lueged, dr HEER wacht über däne,
won em mit Eerfuurcht begegnen und uf syni Gieti warte dien:

19 Äär wird ir Lääben us dr Doodesgfoor retten
und sy am Lääben erhalten in dr Hungersnoot.

20 Mit dr ganze Seel dien mr uf e HEER warte.
Äär eläi isch unseri Hilf und unsere Schild.

21 Joo, über iin fröie mr ys härzlig.
Joo, mir dien uf sy häilige Naame verdraue.

22 Dy Gieti, HEER, söll über uns wache.
Esoo wämmer uf dii warte.

34

1 Mid em David verbunde.
Syynerzyt, von er vor em Abimelech drglyyche due het,
als wäär er waansinnig.
Drum het en dr Abimelech verschupft und er isch fuurt gange.

2 (א) Yych will dr HEER bryyse zu jeedere Zyt.
My Muul soll allewyyl voll syy vo sym Loob.

3 (ב) Mit dr ganze Seel möchte y dr HEER rieme.

Die Arme sölle s höören und sich fröie!

4   (ז) Diend mid miir d Gröössi vom HEER bryyse!
     Löönd uns midenander sy Naame hoochlääbe!

5   (ד) Won y dr HEER gsuecht ha, hed äär mr Antwort gää.
     Er het my us alle mynen Ängscht uuse zooge.

6   (ה) Wär iin aaluege ka, dä straalt vor Fröid.
     S wird niemerem d Schaamrööti ins Gsicht dryybe.

7   (ו) Doo stoot en aarme Mensch, wo um Hilf grueffe het.
     Dr HEER het s ghöört und en us allere Noot gretted.

8   (ז) Dr Ängel vom HEER schützt und retted die,
     wo iim mid Eerfurcht begegne dien.

9   (ט) Erfassed mid allen öire Sinn, wie guet dr HEER isch!
     Glügglig isch jeede, wo bi iim Zueflucht suecht!

10   (י) Diend dr HEER vereere, ir Häiligen us sym Volgg!
     Joo, wär iin vereere duet, däm fäält gaar nüt.

11   (כ) Die Ryyche mien darben und hungere.
     Aber die, wo dr HEER sueche dien, die hän mee als gnueg.

12   (ל) Kömmed, ir junge Lüt und loosed mr zue!
     Ych will öich leere, wie men in Eerfuurcht vor em HEER läbe duet.

13   (מ) Wäär möchti sich nid am Lääbe fröien
     und syni Dääg im Glügg zuebringe?

14   (נ) Wach über dy Zunge, as sy nid zum bööse Muul wird
     und hiet dyni Lippe vor verloogenem Gschwätz.

15   (ס) Halt s Böösen uf Dischdanz und mach vyl Guets!
     Due dr Friide suechen und due dy für iin yysetze!

16   (ע) Im HEER syni Auge luegen uf die Grächten
     und syni Oore sin offe, wenn sy nach Hilf schreie dien.

17   (פ) Dr HEER luegt, was d Übeldääter eso dryybe dien.
     Er schafft d Erinnerig an sii us dr Wält.

18   (צ) Sy dien schreien und dr HEER höört s.

63

Er ziet sy us allen ire Nööt uuse.

19 (ק) Dr HEER isch bi dääne Mensche, wo verzwyyfled sin.
Er hilft dääne, wo ire Lääbensmuet verloore hän.

20 (ר) Wenn dr Grächti au vyl Bööses lyyde muess,
duet en dr HEER drotzdäm vo allem Üübel befreie.

21 (ש) Er schützt alli Gliider vo sym Köörper.
S wird em käi äinzige Gnoche broche.

22 (ש) Wär Bööses macht, dä kunnt dur syni Booshäit sälber um.
Und wär dr Grächti hasse duet, dä wird drfüür biesse miesse.

23 (ת) Der HEER duet s Gwüsse vo syne Gnächt entlaschde.
Alli, wo sich vo iim schütze löön, wäärde frei vo Schuld.

35

1 Mid em David verbunde.

HEER, due für mii händle mid dääne, wo geege my stryyte dien!
Fier duu dr Kampf mid dääne, wo gege mii kämpfe dien!

2 Nimm dr Schild und dr Panzer!
Stand uf und kumm mr go hälffe!

3 Zie dr Speer und schwing s Strytbeil!
Richt sy gege myni Verfolger!
Sag zu miir:
«Ych bi dy Rettig!»

4 Die, wo my wän zur Streggi bringe,
sölle sich in Grund und Boode schämme miesse.
Root vor Scham sölle die zrugg wyyche,
wo uf my Unglügg us sin.

5 Sy sölle syy, wie d Spröi im Wind,
   wenn im HEER sy Ängel yygryffe duet.

6 Ire Wääg söll dunggel syy und spiegelglatt,
   wenn sy im HEER sy Ängel verfolge duet.

7 Sy hän nämmlig ooni Grund s Netz für my usgleggt
   und ooni Grund hän sy mr e Gruebe graabe.

8 S Verdeerbe söll über en Übeldääter koo, ooni as er s mergge duet:
   in sym Netz, won er häimlig usgleggt het, verfangt er sich sälber –
   esoo stürzt äär ins Verdeerbe.

9 Ych aber due über dr HEER juublen
   und fröi my über sy Hilff.

10 Mid allere Graft duen y bekenne:
   «HEER, wäär isch wie du?»
   Duu duesch dr Armi rette vor däm, wo steergger isch als äär.
   Du duesch dr aarmi Dropf schütze vor däm, won en beraube will.

11 Gwaltdäätigi Züüge dien gege my ufdrätte.
   Sy frooge my Sache,
   won y nid wäiss.

12 Guets dien sy mid Böösem vergälte.
   Sy wän mr ans Lääbige.

13 Ych aber han e Sagg aagleggt us Mitläid,
   wo sy grangg gsii sin.
   Mid Faschte han y my bloggt
   und immer wiider für sy bätted.

14 Y bi umme gloffe,
   als wär y in Druur um e Fründ, e Brueder.
   Ych bi in Staub glääge,
   wie me sy Mueter beglaage duet.

15 Aber won ych sälber ins Unglügg gsürzt bi,
   sin sy voller Schaadefröid zämme gloffe.
   Joo, sy hän sich gege my zämme due!
   Fremdi, won y überhaupt nid kennt gha ha,
   hän vor Empörig ir Gläid verrisse.
   Sy hän nid ufgöört mid Schimpfe.

16 Won y bedruggt drvoo ghumpled bi,
hän sy my as e Grüppel verspotted.
Sy hämn mr droot
und mr iri Zeen zäigt.

17 My GOTT, wie lang wottsch du no zueluege?
Bring my in Sicherhäit vor däne Schreier!
Fier my ewägg vo däne junge Löie,
ych ha numme das äinzige Lääbe!

18 Drno will ych dr dangge vor dr groosse Gmäind.
Vor em versammlede Volgg will y dy loobe.

19 Aber myni Find sölle sich nid über my Unglügg fröie könne.
Und die, wo my hassen ooni Grund, sölle sich nid mit den Auge
                                                    zuezwinggere.

20 Sy reede jo nid zum Friide stifte.
Vyylmee dien sy Verlöimdigen erfinde.
Sy wän dääne schaade, wo im Land friidlig midenander lääbe dien.

21 Au gege mii dien sy s Muul ufrissen und rieffe:
«Haha! Dää het s verwüdscht!
Mid äigenen Auge hämmer s gsee!»

22 Duu sälber hesch es gsee. HEER, due jetz nid schwyyge drzue!
My GOTT, blyb nid uf Dischdanz vo miir!

23 Wach uff! Verhilf mr zu mym Rächt!
My GOTT und HEER, fier duu dr Händel!

24 Verhilff mr zu mym Rächt nach dynere Grächtigkäit, HEER, my
GOTT, D Schaadefröid söll däne vergoo!

25 Lo sy nid vo Häärze rieffe: «Haha! E gfundes Frässe für uns!»
Sy sölle nid saage könne:
«Scho hämmer en fertig gmacht!»

26 Alli, wo sich über my Unglügg fröie dien,
    sölle sich in Grund und Boode schäme!
    Und die, wo s groosse Woort fiere dien geege my,
    sölle sich Schimpf und Schand aazie!

27 Juublen und fröie sölle sich die, wo wünsche, as yych Rächt bekumm.
    Loss sy für immer bekenne: «Gross isch dr HEER!
    Äär will, as sy Gnächt im Friide lääbe ka.»

28 Joo, ych will drvoo verzelle, as duu mir Grächtigkäit gschänggt hesch.
    Jeede Daag will y dii drfüür loobe.

36

1 Für e Choorläiter, wo mid em David, em Gnächt vom HEER
   verbunden isch.

2 En Enthüllig, wo my ins Häärz dräffe duet:
   Dr Spitzbueb säit: «Äär kennt käi Angscht vor em GOTT!»

3 Äär füült sich sogaar küüderled, wenn sy Schuld ufdeggt wird.
   Äär will sy Hass usslääbe.

4 Sy Muul isch voll Luug und Druug.
   Är het scho lang ufghöört, gscheit z handlen und Guets z mache.

5 Im Bett dänggt er sich Gmäinhäiten us.
   Sy Wääg loot nüt Guets erwarte.
   Am liebschde macht er, was verbotten isch.

6 HEER dyni Gieti längt bis an Himmel
   und dy Woored bis an d Wolggen aane.

7   Dy Grächtigkäit isch wie d Bäärge, wo dr GOTT gmacht het.
    Dy Rächt isch esoo gränzeloos wie die Fluet vom Aafang.
    HEER, du hilfsch de Mensche grad glyych wie de Dier.

8   Wie koschtbaar isch doch dy Gieti, GOTT.
    Im Schatte vo dyne Flüügel finde d Menschekinder Schutz.

9   Vo däm, wo dy Huus aane git schlöön sy sich d Büüch voll.
    Und vom Bach, wo dy fröie duet, losch duu sy dringge.

10 Bi diir isch nämmlig d Gwelle vom Lääbe.
    Und in dym Liecht seen mr s Liecht.

11 Lo dy Gieti bi all dääne, wo dy kenne dien,
    und schängg dääne mid emen eerlige Häärz dy Grächtigkäit!

12 Dr Fuess vom ene hoochnääsige Spitzbueb söll my nid verdrampe!
    D Hand, wo dr Spitzbueb lüpfe duet, söll my nid verjaage.

13 Lueg döört, scho gheie die Halunggen um!
    Sy sin uf e Boode gschupft und kömme nümmen uf.

37

1   Mid dem David verbunde.

    (א) Due dy nid über d Verbrächer ufreege!
    Und wird nid über d Halungge verruggt!

2   Die wärde nämmlig düür wie s Graas
    und verwelgge wies griene Grut.

3   (ב) Due uf e HEER verdrauen und mach Guets!
    Due im Land woonen und blyb bi dr Woored.

4   Fröi dy übere HEER, äär isch dy Glügg!
     Er wiird diir jeede Häärzenswunsch erfülle!

5   (ג) Lo dr HEER dy Wääg bestimme!
     Due uf iin Verdraue! Und äär wird's mache.

6   Äär ka dy Grächtigkäit zum Lüüchte bringen
     und bringt dy Ufrichtigkäit zum Glänze wie d Sunne zmidaag.

7   (ד) Wart rueig, was dr HEER mache duet!
     Reg dy nid uf, wenn öpper mid unsuubere Mittel Erfolg het.

8   (ה) Vergiss dy Döibi! Hör uf dy z fuggse!
     Reg dy nid uf, sunsch duesch dr numme sälber schaade!

9   Die Verbrächer wäärde nämmlig vernichted.
     Aber die, wo uf e HEER hoffe dien, die griege s Land.

10   (ו) Numme non e kuurzi Zyt, drno gits käini Halungge me.
     Und wenn de luegsch, wo äine gsii isch, denn isch er nümme do.

11   Aber die Arme griege s Land
     und fröie sich über e Friide, wo duure duet.

12   (ז) Dr Halungg het Bööses im Sinn.
     Er isch gege dr Grächti und zäigt em syni Zeen.

13   Aber dr GOTT lacht en us.
     Er wäiss, as für dää Mensch dr Daag vo dr Abrächnig koo isch.

14   (ח) D Halungge hän s Schwäärt zooge.
     Sy hän ire Booge gspannt.
     Sy wän die Armen und Weerloose dräffe.
     Sy wän eerligi Menschen abschlachte.

15   Aber ir Schwäärt dringt ins äigene Häärz yyne.
     Und ire Booge liggt kabooris am Boode.

16   (ט) Das Bitzeli, wone Grächte het,
     isch besser, als die graubte Schetz vo vyyle Halungge.

17 D Macht vo de Halungge wird broche.
    Aber die Grächte duet dr HEER unterstütze.

18 (ʼ) Dr HEER kennt d Lääbenszyt vo den aaschtändige Mensche.
    Daas, won ene ghööre duet, duet er iine für immer sichere.

19 Wenn s ene dräggig goot, duet er sy nid enttüsche.
    Und wenn sy Hunger hän, drno git er iine z ässe.

20 (כ) Aber d Halungge göön dr Bach ab
    und grad esoo au d Find vom HEER.
    Sy vergöön, wien e saftigi Wiise.
    Und am Ändi göön sy uf wie Rauch.

21 (ל) E Halungg duet Gäld usleene, zrugg zaale duet er s nid.
    Aber dr Grächti duet verschängge, was er gää ka.

22 Die wo dr HEER säägne duet, die wärde s Land bsitze.
    Aber die, won er verdamme duet, die wärden in d Pfanne ghaue.

23 (מ) Dr HEER luegt uf d Schritt, won e Mensch macht.
    Wenn em sy Wääg gfalle duet, drno fröit er sich an syne Dritt.

24 Und wenn er stolpered, litzt s en doch nid.
    Dr HEER hebt en nämmlig ganz fescht an synere Hand.

25 (נ) Ych bi jung gsii und alt woorde.
    Aber nie han y e Grächte gsee, wo verloo gsii wäär
    und nie, as äins vo syne Kinder hät miesse go nach Broot bättle goo.

26 Näi! Sy Lääbe lang duet er verschänggen und verleene.
    Au syni Kinder dien im Sääge wiirgge.

27 (ס) Halt dy ewägg vom Böösen und mach s Guete!
    Denn kasch für immer in däm Land woone.

28 Joo, dr HEER het die gäärn, wo uffrichtig sin
    und die Fromme loot er nid im Stich.
    (ע) Aber d Verbrächer wäärde für immer ussglöscht
    und d Noochkomme vo de Halungge wäärden in d Pfanne ghaue.

29 Die Grächte wäärde s Land eerben
    und für immer drin woone könne.

30 (פ) D Woored spruudled us em Muul vom Grächte.
Sy Zunge säit, was richtig isch.

31 D Wyysig vo sym GOTT duet er im Häärz draage.
Nüt bringt en ins Stolpere.

32 (צ) Dr Halungg mag vo hinterruggs koo
und brobiere, dr Grächti umzbringe.

33 Aber dr HEER git en nid in sy Gwalt.
Er loot en im Gricht nid veruurtäilt wäärde.

34 (ק) Due uf e HEER hoffen
und blyb uf sym Wääg!
Äär luegt drfüür, as duu s Land griege duesch.
Nochhäär wirsch duu s Ändi vo däne Halunggen erlääbe.

35 (ר) Ych ha son e Halungg gsee,
är wänded Gwalt aa und bluschdered sich uf wien e grieni Zeedere.

36 Won y wider vrbyy koo bi, isch er nümmen ume gsii.
Y han en gsuecht, han en aber nid finde könne.

37 (ש) Syg e Voorbild und benimm dy aaständig!
Wäär sich nämmlig esoo benimmt, dä goot em Fryyden entgeege.

38 Aber die Verbrächer wäärden alli zämmen us em Wääg gruumt.
Und d Halungge göön dr Vernichtig entgeege.

39 (ת) D Hilf für die Grächte kunnt vom HEER.
Wenn sy in Noot koo dien, finde sy bi iim Schutz.

40 Joo, dr HEER duet ene hälfen und retted sy.
Är retted sy vor de Halunggen und hilft ene.
Sii sueche nämmlig bi iim Zueflucht.

38

1 E Bryysig, verbunde mid em David. Zur Erinnerig.

2 HEER, due my nid stroofe, wenn de verruggt bisch.
Due my nid hauen in dynere Döibi!

3 Dyni Pfyyl hän my nämmlig droffe.
Grad esoo, wie my dyni Hand au droffe het.

4 Käi Fläggen an mym Köörper isch no ganz.
Schuld do drfüür isch dy Döibi. Alli Gnoche dien mr wee.

5 Ych ha schweeri Fääler gmacht, wo mr über e Kopf gwaggse sin.
Sy sin e schweeri Lascht – z schweer für mii, as y sy draage könnti.

6 D Blätz, won y abbekoo ha, föön aa stinggen und dien üüble.
Dr Grund drfüür isch my Dummhäit.

7 Ych bi grumm und am Boode.
Dr ganzi Daag schluurf y druurig umenand.

8 Joo, my Buuch brennt vor Schmäärze.
Käi Fläggen an mym Köörper isch no ganz.

9 Y ha käi Pfuus me und bi dotaal kabooris.
Ych briel uuse, was my Häärz drugge duet.

10 GOTT, du kennsch doch my Langyzyt.
My Ghüül blybt dr nid verboorge.

11 My Häärz glopft gruusig, d Graft goot mr uss.
Sogaar myni Auge löön my im Stich.

12 Myni Lieben und myni Fründ machen e Boogen um my umme.
Au myni Verwandte löön my in mym Eeländ linggs ligge.

13 Lüt, wo my wän hii mache, hän uf em Wääg Schlingen usgleggt.
Und die, wo mr schaade wän, dien über my böös schwätze.
Die ganzi Zyt dien sy sich nöi'i Liegen usdängge.

14 Ych aber ha my daub gstellt und due nid zueloose.
Ych blyb stumm und due s Muul halte.

15 Eso wyt isch es koo mit mr. Y will nüt me drvoo höören
und niemerem me drgeege reede.

16 Aber uf dii, HEER, duen ych my Hoffnig setze.
Duu gisch mr gwüss en Antwoort, my HEER und GOTT.

17 Ych möchte iri Schaadefröid nid erlääbe.
Niemerts söll sich moggiere, as ych dr Booden unter de Fiess
verloore ha.

18 Bi miir gracht glyy alles zämme.
Myni Bräschden erinnere my allewyyl dra.

19 Joo, ych due myni schwere Fääler beröie.
Ych due myni Fääler vo Häärzen aaspräche.

20 Aber myni Find sin stargg, sy kämpfe geege my ooni Grund.
Und vyli hasse my ooni as sy s Rächt hän drzue.

21 Guets dien sy mid Böösem dangge.
Sy dien my aazäige, well ych s Guete mache will.

22 HEER, lo my nid im Stich!
My GOTT, blyb nid ewägg vo mr!

23 Kumm schnäll go hälffe!
My GOTT, duu bisch my Rettig!

39

1　Für e Choorläiter, für e Jedutun.
　E Bryysig, wo mid em David verbunden isch.

2　Ych ha mr vorgnoo: Ych will ufbasse, was y saage due.
　My Zunge söll käi Sünd begoo. Ych will my Glappe halte,
　mid eme Blääch us Silber für myni Lippe,
　soo lang, wie dr Spitzbueb voor mr stoot.

3　Esoo blyb y stumm und still.
　Ych ha gschwwige, as y nid flueche due.
　Aber dr Schmärz het my ufgwielt.

4　My Häärz het in mynere Bruscht brennt.
　Scho wenn y gsüüfzged ha, het s afo brenne.
　Doo het my Zungen sich glööst und s isch us mr uusebroche:

5　My HEER, lo my s wüsse: Wie wird s mit mr z Änd goo?
　Und wie vl Dääg dien mr no blyybe?
　Gib mr d Yysicht, as y stäärbe muess!

6　Lueg doch, numme weenig Dääg hesch duu mr gää uf däre Wält.
　Die Zyt, wo miir zum Lääbe blybt, isch so guet wie nüt vor diir.
　Dr Mensch isch nummen e Huuch. Er stoot doo mid leere Händ.

　Sela

7　Dr Mensch goot dur s Lääben esoo, wie d Bilder imene Draum.
　Er macht vyl Läärm wäge nüt.
　Er duet Schetz sammlen ooni as er wäiss, wär sy am Ändi bekoo duet.

8　Was kann y no erwaarte, my GOTT?
　My Hoffnig duen y ganz uf dii setze.

9　Due my befreie vo allem Mischt, won y gmacht gha ha!
　Mach, as d Duuble my nid verspotte könne.

10   Jetz bin y still und due d Schnuure halte.
     Duu bisch s nämmlig, wo miir daas aadoo het.

11   Duu hesch my verglopft, lo my ändlig in Rue.
     Dy Hand het my so schweer droffe, as y aabe gange bi.

12   Mensche, wo Schuld uf sich glaade hän duesch du mid Strooffen erzie.
     Esoo duesch du ir Gedue kabooris mache, wie d Motten e Gläid frässe.
     Jeede Mensch isch nid mee wien e Huuch.

     Sela

13   Loos uf my Gebätt voller Bitte, HEER!
     Mach dy Oor uf für my Schrei um Hilf!
     Blyb nid still zu myne Drääne!
     Schliesslig bin y doch e Gascht bi diir.
     Ych bin e Fremden unter dym Schutz, grad wie myni Altvoordere.

14   Lueg über daas ewägg, won y falsch gmacht ha.
     Ych möchti nonemoll fröölig syy, bevor y go muess und nümme bii.

40

1   Für e Choorläiter.
     E Bryysig, wo mid em David verbunden isch.

2   Ych hoff ganz fescht uf e HEER!
     Är het sich zue mr aabe gloo und my Schrei um Hilf ghöört.

3   Er het my us em Wasserloch uuse gholt,
     wo mr dr Dood brocht hätt,
     us em ganze Schlamm und Drägg.
     Äär het myni Fiess uf e Felse gstellt und myne Dritt Halt gää.

4 E nöis Lied het er miir ins Muul gleggt:
E Gsang voller Loob und Bryys für unsere GOTT.
Ganz vyyl Mensche sölle das see und Hoochachtig empfinde.
Esoo wärde sy zum HEER Verdraue griege.

5 Glüüglig isch dää Mensch, wo sy Verdrauen uf e HEER setze duet:
Dää lot sich nid mid Lüt yy, wo sich nid im Griff hän und liege dien.

6 Duu hesch scho vyl gmacht für uns,
HEER, my GOTT, so wunderbaari Wäärgg.
Und dyni Blään mid uns sin ooni Verglyych.
Wenn y doo drvoo afo reeden
und verzelle wotti – s sin vyl z vyyl,
as das y sy alli uffzelle könnti!

7 Us Opfer und Gschänggli machsch duu dr nüt.
Daas hesch duu mr hinder d Oore gschriibe.
Brandopfer und Sündopfer wotsch au nid.

8 Ych ha gsäit: «Hösch, ych kumm mid ere Schriftrolle.
Doo druff stoot gschriibe, was y mache muess.

9 Gäärn will ych mache, was duu wotsch, GOTT.
Dyni Wyysig duen ych in mym Häärz draage.

10 In dr Feschtversammlig duen y vo dr Grächtigkäit verzelle.
Ych due my Glabbe nid halte.
Das wäisch du doch, HEER

11 Us dynere Grächtigkäit mach y käi Ghäimnis.
Ych due offe drüber reede, wie dröi und hilfsberäit du bisch.
In dr Feschtversammlig duen y dy Gieti und Woored nid verschwiige.

12 Duu, HEER, duesch mr dy Mitläid nyd underschloo!
Dy Gieti und dy Zueverlässigkäit sölle my allewyyl bewaare.

13 S isch nämmlig nüt als Unhäil um my ume gsii.
Ych ka gaar nid alles ufzelle.
My äigene Mischt het my yyghoolt.
Drno han y dr Üüberbligg verloore.
S isch jeedefalls mee gsii as d Hoor uf mym Kopf.
Doo het my alle Muet verloo.

14   Syg doch so guet, HEER und due my rette!
HEER, kumm mr schnäll go hälffe!

15   Alli, wo miir ans Lääbige hän welle,
sölle sich in Grund und Boode schämme.
Die, wo sich über mym Unglügg fröie dien,
sölle güggelroot zrugg schregge!

16   Die sölle verschregge über iri Schand.
Sy hän zue mr gsäit: "Hösch, das gscheet dr rächt!»

17   Aber alli die, wo dy wiirgglig sueche dien,
die sölle juublen und sich über dii fröie.
Die, wo uf dy Hilf blange dien,
söllen allewyyl saage: «Dr HEER isch gross!»

18   Yych bi aarm und ka my nid weere.
Aber my GOTT duet für my luege!
Duu bisch my Hilff und my Retter!
My GOTT, due nid zöögere!

41

1   Für e Choorläiter.
E Bryysig, mid em David verbunde.

2   Glügglig isch dää, wo dääne hilfft, wo sich nid sälber hälffe könne.
Wenn er sälber emoll Bäch het, denn duet en dr HEER scho rette.

3   Dr HEER wird en behieten und am Lääben erhalte.
Doo drfüür wäärde sy en glügglig bryysen im Land.
Duu duesch en nid dr Willküür vo syne Find überloo!

4   Wenn er grangg s Bett hiete muess, git em dr HEER wider Graft.
     Wenn er grangg isch, drno sorgsch drfüür, as er wider gsund wird.

5   Ych ha gsäit: «HEER, heb Verbaarme mid mr!
     Mach my doch wider gsund! My Schuld duet my vo diir drenne.»

6   Myni Find aber dien mr Bööses wünsche:
     «Söll er doch stäärben und sy Naame für immer vergässe wäärde!»

7   S isch äine koo, wo my het bsueche welle.
     Aber sy Mitläid isch numme ghüüchled gsii.
     Er duet über my Liegemäärli sammlen und s dussen umme verzelle.

8   Do dien die, wo my hasse dien, scho d Köpf zämme stegge.
     Sy fiere Bööses geege my im Schild.

9   Sy dien ständig über my dräggelen und sage:
     «Wie dää doo liggt! Dää stoot nümmen uf!»

10   Sogaar my beschte Fründ! – Iim han ych allewyyl verdraut.
     Ych ha my Broot mid em däilt. – Und jetz duet er my verseggle!

11   Duu aber, HEER, heb Verbaarme mid miir!
     Lo my doch wider uffstoo! Drno kan ych s iine häimzaale.

12   Do dra han ych gsee, as duu my gäärn hesch:
     My Find darf nid über my gwünne!

13   Well ych unschuldig bi, bisch duu zue mr gstande.
     Du losch my allewyyl zue dr koo.

14   «Briise sygsch duu, HEER, GOTT vo Israel! Vo Eewigkäit zu
                                                       Eewigkäit!
     Amen! Und nonemoll: Amen.

Däilbuech 2

**Syg briise, HEER, GOTT,
du GOTT vo Israel!
Duu, dää won eläi
Wunder mache kaa!**

**Briise syg sy heerlige
Naame für alli Zyt!
Joo, die ganzi Äärde wird
erfüllt vo synere Heerligkäit.**

Aamen! Und nonemoll: Aamen!

Bsalm 72,18-19

42

1   Für e Choorläiter. E Wäggselgsang,
     mit de Korachite verbunde.

2   Wien e Hirschkue allewyyl nach früschem Wasser schreie duet –
     esoo duen yych my nach diir seene, GOTT!

3   My Seel het Durscht nach em GOTT,
     nach em lebändige GOTT.
     Wenn darf y zu dym Dämpel koo
     und döört im GOTT sy Gsicht see?

4   Drääne sin my äinzigs Broot,
     am Daag und au in dr Nacht.
     Joo, die ganzi Zyt säit me zue mr:
     «Wo isch denn jetzt dy GOTT?»

5   An myni Drääne will y dängge
     und mym GOTT my ganzes Häärz usschütte –
     wenn ych zum Dämpel vom GOTT gang
     zämme in ere feschtlige Schaar.
     Ych folg im Läärme vo dääne, wo fyyre dien,
     im Schall vo ire Gsäng voll Juubel und Dangg.

6   Was bisch eso bedruggt, my Seel?
     Worum bisch eso ufgwielt?
     Lueg doch, wo dr GOTT isch!
     Ganz gwüss wird yych em no dangge.
     S isch mr scho gholfe, wenn y numme sy Gsicht see due.

7   My GOTT, my Seel isch ganz im Kampf geege my.
    Wäge däm will ych an dii dängge –
    wenn y wyt ewägg bi an de Gwelle vom Jordan
    und bim Hermon-Gebiirge: am «gläine Bäärg».

8   Döört rusche d Fluete syt Uurzyte.
    Döört donnere dini Wasserfäll obenaabe.
    «Alli dini Wällen und Wooge –
    sy sin üüber mr zämmebrätscht!»

9   Am Daag schänggt mr dr HEER syni Gieti
    und z Nacht duen ych iim mid eme Bsalm Danggschön saage –
    mid eme Gebätt zum GOTT vo mym Lääbe!

10 Zu mym Fels, em GOTT, will y saage:
    «Wiesoo numme hesch du mii vergässe?
    Worum muess yych eso druurig dur s Lääbe go –
    aagriffe vo mym Find?»

11 Schmäärze wie bim Stäärbe faare mr dur Maargg und Bäi,
    wenn myni Geegner my uslache dien.
    Joo, die ganzi Zyt säit me zue mr:
    «Wo isch denn jetz dy GOTT?»

12 Was bisch eso bedruggt, my Seel?
    Worum bisch eso ufgwielt?
    Lueg doch, wo dr GOTT isch!
    Ganz gwüss wird yych em no dangge.
    S isch mr scho gholfe, wenn y numme sy Gsicht see due.

43

(Dr dreyevierzigschdi Bsalm hängt mid em zwäievierzigschde Bsalm zämme).

1   Due mr doch zu mym Rächt verhälffe, GOTT!
Due my vor em Gricht gege das Volgg verdrätte,
wo sich nid an dini Gebott halte duet!
Due my vor de faltschen und bööse Mensche rette!

2   Joo, duu bisch my GOTT, wo miir Unterschlupf biete duet!
Worum numme hesch du mii verstosse?
Worum muess yych soo druurig dur s Lääbe go –
aagriffe vo mym Find?

3   Due dy Liecht und dy Woored schigge!
Sy solle my sicher fiere.
Sy solle my zu däm Bäärg bringe,
wo dy Häiligdum isch und zu dyne Woonige.

4   Drno will ych vor dr Altaar vom GOTT koo –
vor e GOTT, wo dr Grund isch vo mynere gränzeloose Fröid.
Zur Muusig vo dr Handhaarfe[11] will ych im GOTT dangge –
diir GOTT, mym GOTT!

5   Was bisch eso bedruggt, my Seel?
Worum bisch eso ufgwielt?
Lueg doch, wo dr GOTT isch!
Ganz gwüss wird yych em no dangge.
S isch mr scho gholfe, wenn y numme sy Gsicht see due.

---

[11]   Im Dütsche reeded me vo dr «Leier» oder au «Jochlaute». Ych nimm mr d Freihäit und due die Zupfinschtrumänt mid «Handhaarfe» und – wenn die Groosse gmäint sin – mid «Standhaarfe» benenne.

44

1 Für e Choorläiter, mit de Korachite verbunde,
e Wäggselgsang.

2 GOTT, mid äigenen Oore hämmer drvoo ghört.
Unseri Altvoordere hän ys drvoo verzellt.
Duu hesch groossi Sache gmacht, wo sii gläbt gha hän.
In säle Dääg, wo scho lang vrbyy sin.

3 Ganzi Völgger hesch us em Land verdriibe, aber unseri yypflanzt.
Nazyoone hesch in d Pfanne ghaue – aber unseri lo Wuurzle schloo.

4 Mid em Schwäärt in dr Hand hätte sy s Land nid eroobere könne.
Sy hätte zwenig Spöiz gha, as sy hätte gwünne könne.
Näi! S isch dy staarggi und mächtigi Hand gsii
und s Liecht vo dym Gsicht - well duu sy in s Häärz gschlosse hesch.

5 Duu eläi bisch my König und my GOTT.
Duu duesch bestimme, as dr Jakob gretted wird.

6 Mit diir könne mr unseri Find abmuurggse.
In dym Name dien mr unseri Geegner zämmelegge.

7 Ych due my nid uf my Booge verloo.
My Schwäärt ka mr dr Syyg nid bringe.

8 Näi! Nur duu kasch unseri Find aabedätsche.
Und die, wo uns hasse dien, die duesch duu in Schand stürze.

9 GOTT, du duesch uns jeede Daag stolz mache.
Dy Naame dien mr allewyyl bryyse.

Sela

10 Und doch hesch Duu uns bachab gschiggt und enttüscht.
Well duu nid mid unsere Druppen in Grieg zooge bisch.

11 Du hesch uns vor de Find lo flüchte loo.
In irem Hass dien sy uns alles ewägg nää.

12 Wie Schooff zum Schlachtopfer hesch ys usgliifered.
Unter fremdi Völgger hesch du uns verströit.

13 Für nüt hesch duu dy äige Volgg verschäärbled.
E lächerlige Bryys hesch duu drfüür verlangt.

14 Duu hesch uns em Spott vo unsere Nochber usgsetzt.
Zringelum wäärde mr aabe do und aazunde.

15 Duu hesch uns vor allne Völgger zu Witzfiguure gmacht.
Ganzi Nazyoone lache sich hii und schüttle dr Kopf.

16 Jeede Daag isch e Schand füür my.
My Gsicht wird güggelroot vom schämme.

17 Ych ka my nid weere gege das Gschrei, wo me my drmit aabe macht.
Ych by däne Bligg usgliifered, wo my gyyrig nach Raach dräffe dien.

18 Daas alles isch über uns yynebroche, obwoll mr dii nid vergässe hän.
Miir hän dr Bund nid broche, wo duu mid uns gschlosse hesch.

19 Miir hän dr Muet nid verloore.
Au nid en äinzige Schritt simmer vo dym Wääg abgwiche.

20 Aber duu hesch uns in d Wieschti gschiggt, wo d Schakaal huuse dien.
Duu hesch uns im Dunggle gloo, wie s im Ryych vo de Dooten isch.

21 Hätte miir dr Naame vo unserem GOTT vergässen
und unseri Händ zumene fremde Götzebild uffe ghebt:

22 Daas hätti dr GOTT gwüss gmeerggt.
Äär kennt jo alli Ghäimnis, wo miir im Häärz draage dien.

23 Well miir uns zu diir bekenne dien, bedroot men ys mid em Dood.
Wie Schooff zum schlachte wäärde mr behandelt.

24 Wach uff! Worum schloofsch Duu, my GOTT?
Bitte, verwach! Duen ys nid für immer verstoosse!

25 Worum duesch Duu dy Gsicht verstegge?
Worum duesch vergässe, as mr in dr Glemmi und in Noot sin?

26 Joo, unseri Seele sin völlig nääbe de Schue.
Unsere Köörper liggt doo, am Boode zerstöört.

27 Stand doch uff! Kumm ys go hälffe!
Duen ys us dr Noot befreie. Dängg an dy Gieti!

45

1   Für e Choorläiter. Nach dr Lyylie-Melodyy.
Mit de Korachite verbunde. E Wäggselgsang. E Liebeslied.

2   My Häärz isch voll vo schööne Woort.
Yych sing em König myni Gedicht voor.
My Zungen isch wie dr Griffel vomene Schryyber.

3   Duu bisch dr Schöönschti unter de Mensche.
Gscheiti Woort göön diir über d Lippe.
Dr GOTT het dii doo drmit für alli Zyte gsäägned.

4   Due dy Schwäärt an d Syte binde, dapfere Held.
Dy machtvolle Glanz soll dy zum Erfolg fiere!

5   Kämpf für d Woored und due dym Rächt diene!
Füürchterligi Sache sölle dy dyni Rächt leere.

6   Dini Pfyyl sin gscheerft – sy zwinge d Völgger unter dy –
Sy dien d Find vom König ins Häärz dräffe.

7   Dy Droon, göttlige Heerscher, bestoot für immer.
Dy Heerscherstab isch dr Masstaab vom Rächt vo dym Ryych.

8   Du liebsch d Grächtigkäit und duesch s Verbräche hasse.
Drum het dr GOTT dy gsalbt.
Koschtbaars Ööl het er für dii usgwäält.

9   Dyni Gläider schmegge vo Mürren, Aloee und Zimmed.
Us de Baläschd voll Elfebäi duet dy Säitespiil d Lüt erfröie.

10   Döchtere vo König draagen Edelstäi um e Hals.
D Königin an dynere Syte glänzt vo Gold us Ofir.

11 Loos zue, du voornämi Dochter und due dr s guet meergge:
    Vergiss dy Volgg und dy Elterehuus!

12 Dr König gluschdeds nach dinere Schöönhäit.
    Äär isch jetzt dy HEER – due dy vor em vernäige!

13 Joo, d Dochter vo Tyrus kunnt mid Gschänggli.
    Die Ryychen us däm Volgg dien dr dr Schmuus bringe.

14 Ufdonnered warted d Köönigsdochter dinne.
    Ir Brutgläid isch mid goldige Spitze verziert.

15 Esoo wiird sy zum König gfiert, frööligi Brutmäitli hüpfe hindedryy.
    Zämme mid ire Fründyyne bringt me sy zu diir.

16 Wilde Juubel duet dr Hochzytszuug begläite.
    Esoo zien sy in Balascht vom König yy.

17 An d Stell vo dine Väddere wärde d Söön drätte.
    Duu machsch sy zu Fürschden überaal im Land.

18 An dy Naame will y my zämme mid ganze Generazyoonen erinnere.
    Drum wärde d Völgger dy looben uf immer und eewig.

46

1 Für e Choorläiter, wo mit de Korachite verbunden isch.
   E Bsalm, nach dr Melodyy «Jungi Fraue».

2 Unsere GOTT isch e starggi Zueflucht für uns.
   In dr höögschde Noot isch er an dr Syte vo uns.

3 Wäge däm hämmer käi Angscht, wenn dr Boode waggle duet
   und d Bäärge zmits im Meer schwangge.

4   Sölle doch d Wälle schuumen und sprützen
und d Bäärge vor synere Gröössi beebe.

Sela

5   Früsches Wasser ströömt dur d Kanääl vom GOTT synere Stadt.
Döört het dr Höögschdi sy häiligi Woonig.

6   Dr GOTT isch in irere Mitti, wäge däm wird sy nid wangge.
Dr GOTT wird ere hälffe, wenn dr Moorge kunnt!

7   Völgger brausen aane, Königryych dien wangge!
Do lot äär sy Donnerstimm erschallen und d Äärde zittered.

8   Der HEER vo de himmlische Heerschaaren isch mit ys.
Dr GOTT vom Jakob isch e feschti Burg für uns.

Sela

9   Kömmed und lueged, was dr HEER gmacht het!
Äär versetzt d Äärden in Angscht und Schregge,
10   überaal uf dr Wält macht er de Grieg en Änd.

Dr Booge duet er verbräche, dr Speer macht er kabooris
und d Strytwääge duet er mid Füür verbrenne.

11   Hööred mid kämpfen uff und meergged öich: «Yych bi dr GOTT!
Yych stand über de Völgger, yych stoo zooberscht in dr Wält»

12   Der HEER vo de himmlische Heerschaaren isch mit ys.
Dr GOTT vom Jakob isch e feschti Burg für uns.

Sela

47

1   Für e Choorläiter, mit de Korachiter verbunde – e Bsalm.

2   Ir Völgger alli: Diend in d Händ glatsche!
Begriessed dr GOTT mid frööligem Juubel!

3   Dr HEER isch nämmlig dr Höögschdi. Er ka d Mensche verschregge.
Äär isch dr grööschti König über die ganzi Wält.

4   Er wiird für uns Völgger unterwäärfen
und ys Nazyoone vor d Fiess leege.

5   Äär bestimmt, as mr s Land eerbe döörfe.
S isch dr ganzi Stolz vom Jakob, won er gäärn het.

Sela

6   Dr GOTT isch uffe koo unter em feschtlige Juubel.
Höörner dien erschalle, wo dr HEER yyzoogen isch.

7   Singed für e GOTT und diend musiziere!
Singed für unsere König und mached Musig!

8   Dr GOTT isch nämmlig König über die ganzi Wält.
Diend e bsunderbar schööns Lied singe, wenn er yyne kunnt!

9   Dr GOTT het sy Heerschaft aadrätten über d Völgger.
Er het Blatz gnoo uf sim häilige Droon.

10 D Fürschde vo de Völgger sin versammled –
als äi Volgg unter em GOTT vom Abraham.
Im GOTT sin nämmlig alli Mächt vo dr Äärden understellt.
Äär stoot über dr ganze Wält.

48

1   E Bsalm, e Bsalm, mid de Korachite verbunde.

2   Gross isch dr HEER und hooch wämmer en looben
    in dr Stadt vo unserem GOTT:

3   Sy häilige Bäärg, die schöönschdi Erheebig,
    isch e Fröid für e ganzen Äärdgräis!
    Dr Bäärg Zion, dr Gipfel vom Noorde,
    ghöört zu dr Stadt vom grööschte König.

4   Dr GOTT duet in ire Baläschd woone.
    Er isch bekannt als e feschti Burg!

5   Lueged: Köönige hän sich versammled,
    sie sin zämme gege die Stadt zooge.

6   Wo sy uffe gluegt hän, sin sy vor Angscht erstaart,
    hän Schiss griegt, sin vergelschdered drvoo gloffe.

7   Sy hän am ganze Kööper zittered wie Eschbelaub,
    e soo fescht, wien e Frau, wo gebääre duet –

8   e soo greftig, wien en Orkaan us em Oschde,
    wo d Schiff verschmättered, wo us Tarschisch kömme.

9   Friener hämmer s numme ghört, jetz seen mr s mid eigenen Auge –
    in dr Stadt, wo im HEER ghööre duet, in dr Stadt vo unserem GOTT.
    GOTT, lo sy für immer bestoo.
    Sela

10 GOTT, mr dänggen an dy Gieti,
    wemmer in dym Dämpel sin.

11 Gross, wie dy Naame, GOTT, so syg au s Looblied zu diir:
Bis an d Ränder vo dr Wält soll s dringe.
Dy staarggi Hand duet für Grächtigkäit soorge.

12 Fröid isch uf em Bäärg Zion,
fröölig dien d Döchtere vo Juda juuble.
Duu duesch nämmlig s Rächt in Graft setze.

13 Göönd um e Zion umme, zringelum!
Laufed ummen und zelled syni Düürm!

14 Bewundered syni weerhafte Muure!
Stuuned über syni Baläschd, wenn er sy see diend!
Drno könned er öire Kinder drvoo verzelle:

15 «Zwyyfelloos, dasch unsere GOTT,
er isch unsere GOTT für alli Zyte!
Äär wird uns sicher dur s Lääbe fiere!»

49

1 Für e Choorläiter, mid de Korachite verbunde. E Bsalm.

2 Loosed uf daas, ir Völgger alli zämme!
Bassed uff, ir Bewooner vo dr ganze Wält!

3 Ir Mensche, hooch oder niidrig geboore,
ryych oder arm, diend doch d Oore spitze!

4 Us mym Muul uuse kömme gscheiti Gedangge.
Us mym Häärz uuse spruudlen Yysichte mid Diefgang.

5   Ych due myni Ooren im Byspyyl uff mache.
Mini Räätsel duen y bim musizieren uf de Säite lööse.

6   Worum sött ych Angscht ha in bööse Dääg,
wenn my d Booshäit vo myne Geegner umgää duet?

7   Sy füüle sich sicher, well sy ryych sin.
Sy löön sich blände vom vyle Gäld.

8   Aber käi Mensch ka sich vom Dood frei kaufe.
Niemerts ka im GOTT s Löösegäld drfüür zaale.

9   Zue düür isch dr Kaufbryys für s äigene Lääbe.
Irgend amene Daag wird s für immer z Änd go –

10   au wenn äine mäint, äär könnti eewig lääben
und miess sy äige Graab nid see.

11   Denn d Erfaarig zäigt: Au gscheiti Mensche mien stärbe.
Sy göön in Dood zämme mid de Dummköpf und de Rindvyycher.
Ir Haab und Guet mien sy andere loo.

12   D Graabkammere sin jetz iri Häimed für immer,
iri Woonig vo Generazyoon zu Generazyoon –
sogaar wenn sy sich Länder kauft gha hän.

13   Dr Mensch in synere ganze Bracht blybt nid bestoo.
Er glyycht de Dier, wo eeländ kabooris göön.

14   Esoo goot s allne, wo uf sich sälber verdraue dien
und sich am Ändi no mid äigene Reede fyyre dien.

     Sela

15   Wie Schooff kömme sy ins Dooteryych yyne.
Döört unde fiert sy dr Dood uf d Wäid.
Sy göön graadwäggs ins Grab:
Ire Köörper duet verwääse, ire Blatz isch im Ryych vo de Doote.

16 Aber my Lääbe wird dr GOTT vom Dood frei kauffe.
Äär wird my us em Ryych vo de Dooten uuse hoole.

Sela.

17 Drum muesch käi Schiss ha, wenn äine ryych wird
und groossi Schetz in sym Huus sammle duet.

18 Wenn er nämmlig stiirbt, nimmt er nid alles mit.
Syni Schetz folgen em nid ins Graab.

19 Sogaar wenn er sich im Lääbe glügglig füüle duet
und zue sich sälber säit: «Miir goot s doch guet!» -

20 Am Ändi goot au äär zu synen Altvoordere,
wo nie me s Liecht vom Daag see dien.

21 Dr Mensch in synere ganze Bracht blybt nid bestoo.
Er glyycht de Dier, wo eländ kabooris göön.

50

1 E Bryysig, mid em Asaf verbunde.

GOTT, dr HEER het aafange reeden
und d Wält grueffe –
vom Ufgang vo dr Sunne bis zu irem Untergang.

2 Vom Zion häär, vo däm volländet schööne Bäärg –
vo döört isch dr GOTT erschiinen imene Glanz voll vo Straale.

3 Unsere GOTT kunnt und duet nid schwyyge.
Iim goot e Füür voruss, wo alles uffrässe duet
und um iin umme duet e heftige Gwitterstuurm stüürme.

4 Äär duet dr Himmel vo ganz wyt oobe rieffen
und d Äärden au: Äär will über sy Volgg Gricht halte:

5 «Diend um mii umme die versammle, wo mr dröi sin –
die, wo mid miir bim Opferfescht dr Bund gschlosse hän.

6 Dr Himmel verzellt vo synere Grächtigkäit:
Joo, dr GOTT sälber isch ire Richter!

Sela

7 «My Volgg, due loose, ych will öppis saage!
Gege dii, Israel, will ych ussaage!
Yych bi dr GOTT! Joo, dy Retter bin yych.

8 Nid d Schlachtopfer sin s, worum ych diir ins Gwüsse due reede.
S sin nid d Brandopfer, wo mr dääglig vor den Auge sin.

9 Drotzdäm will y käi Stier us dym Huus als Opfer bekoo.
Ych will käini Gäissbögg vo dyne Wäide ha.

10 Miir ghööre nämmlig alli Dier us em Wald,
und s Wild uf de Dausige vo Bäärge.

11 Ych kenn alli Raubvöögel in dr Hööchi.
Au isch mr jedi Grillen uf em Fäld verdraut.

12 Ych wurdi s diir nid emoll saage, wenn y Hunger hätti.
Miir ghöört nämmlig dr Äärdgräis und alles, won en fülle duet.

13 Duen ych öppe Fläisch vo Stieren ässe?
Oder duen y Bluet vo Gäissbögg dringge?

14 Drum due dy Dangg im Gebätt als Opfer bringe!
Due daas yyhalte, wo duu em GOTT versproche hesch!

15 Und wenn dr s Wasser bis an Hals stoot, denn due mr rieffe!
Drno duen y dy rette, und du wiirsch my drfüür eere.

16 Aber zue däm, wo nütt vo iim wüsse wott, säit dr GOTT:
«Wie kunsch duu drzue, und duesch myni Gebott aabe bätte?
Was fallt diir yy, lyychtfertig über my Bund z reede?

17 Du wirsch doch ganz stinggig, wenn ych dy erzie möchti.
Und was ych dr saag, das goot dy nüt aa.

18 «Wenn duu e Gauner seesch, suechsch sy Gsellschaft.
Und mid den Ehebrächer hoggsch gäärn zämme.

19 Du hesch e bööses Muul
und dy Zungen isch falsch.

20 Über dy Brueder duesch aabe zie.
Dr Bueb vo dynere Mueter duesch verlöimde.

21 Joo, e soo äine bisch du! Söll ych doo drzue s Muul halte?
Hesch, glaub y, gmäint, ych sig glyych, wie duu!
Aber ych soorg scho drfüür, as de no draa kunsch.

22 Meergged öich daas, iir, wo dr GOTT vergässe diend!
Sunscht duen ych öich in Stügg verryssen und s isch käi Retter doo!

23 Wär sy Dangg-Gebätt als Opfer bringt, duet my eere.
Wär dää Wääg goot, dä loon y meergge, as em dr GOTT hilffft!»

51

1 Für e Choorläiter,
e Bryysig, wo mid em David verbunden isch.

2 Zu sällere Zyt, won en dr Profeet Natan zur Reed gstellt het.
Dr David het nämmlig mit dr Batseba d Ee broche gha.

3 Heb Erbaarme mit mr, GOTT! Daas entspricht doch dynere Gieti.
Due mr myni Fääler vergää! Soo grooss isch dyni Barmhäärzigkäit.

4 Wäsch mr myni Schuld ab.
Due my suuber mache vo mynere Sünd.

5   Myni Fääler, woni gmacht ha, die kenn y ganz genau.
       Und myni Sünde sin mr jeede Daag nöi bewusst.

6   Ganz eläi gege dii han y my vergange.
       Ych ha daas gmacht, wo in dynen Auge böös isch.
       Duu hesch nadüürlig rächt,
       as duu mr d Schuld gisch.

7   Joo, ych bi in d Schuld yyne geboore woorde.
       D Sünd regiert my Lääbe, sid my Mamme my im Buuch gha het.

8   Joo, diir gfallt d Woored, won e Mensch in sym Innere suecht.
       Und im Verboorgene söll my dy Wyyshäit drbyy läite.

9   Due my suuber mache mid Ysop, as ych frei wird vo dr Schuld.
       Due my blitz-blangg wäsche, mach my wysser als Schnee.

10   Lo my wider Juubel und Fröid spüüre.
       Myni Gliider, wo mr verschlaage hesch, sölle umenander hüpfe.

11   Due nid uf myni Fääler luegen
       und due mr alli Schuld vergää.

12   Schaff in miir, GOTT, e suubers Häärz.
       Und gib mr e nöie, feschte Gäischt!

13   Bhalt my im Aug, lo my nid lo hänge
       und nimm dy häilige Gäischt nid ewägg vo miir!

14   Lo my wider juuble drüüber, as duu mr hälffe duesch.
       Gib mr e Gäischt, wo diir folgt, ooni Geegereed.

15   Drno will y de Bööse dyni Wääg zäige.
       Drno wäärde d Sünder zu diir umkeere.

16   GOTT, due my drvoor bewaare, as y andere Gwalt aadue.
       My Zunge will juublen über dy Grächtigkäit.

17   Mach mr d Lippen uff!
       My Muul will dy Ruum uuseloo!

18   Duu hesch nämmlig käi Fröid am Schlachtopfer!
       Und wenn yych dr e Brandopfer bringe dääti, wurd s dr nid gfalle.

19 My Opfer, GOTT, isch e Gäischt, wo völlig ab dr Rollen isch –
e duuchs Häärz, wo ganz verdaddered isch, duesch duu, GOTT,
nid gring schetze.

20 Mach Guets für dr Zion, wie s diir gfalle duet!
Bau d Muure vo Jerusalem wider uf.

21 Drno wirsch duu dy wider über Opfer fröie – Brandopfer und
Äänligs, wo eerlig gmäint sin.
Drno duet me wider Stier uf dym Altaar opfere.

52

1 Für e Choorläiter. E Bsalm über d Wyyshäit,
mid em David verbunde.

2 Syyner Zyt, wo dr Edomiter Doëg koo isch
und em Saul verzellt het,
as dr David ins Huus vom Abimelech gangen isch.

3 Worum gisch aa wien e Wald voll Affe mid em Bööse, du Staargge?
D Gieti vom GOTT isch doch jeede Daag byy mr.

4 Numme Bööses duesch du blaane, wenn sich dy Zunge bewegt.
Sy isch scharf wien e Rasierglinge, du Verrööter.

5 Du hesch s Bööse lieber wie s Guete.
Lieber duesch liegen als d Woored saage.
Sela.

6 Du hesch jeedes Woort gärn, wo verwirre duet, du Doppel-Züngige!

7   Aber dr GOTT wird dy für immer verdeerbe.
     Äär wird dy phaggen und us em Zält uuse gheie.
     Midsamt de Wuurzle wird er dy ryssen us em Land vo de Lääbige.

     Sela.

8   Die Grächte wäärde s see und verschregge.
     Aber über e Staargge wäärde sy sich moggiere:

9   «Lueged öich doch dä Maa aa!
     Dää het nid bim GOTT Schutz gsuecht!
     Er het sich uf sy groosse Ryychdum verloo.
     Er het uf die Sach baut, won en schliesslig ins Verderbe brocht het.

10   Yych aber bi wien en üppigen Öölbaum im Huus vom GOTT.
     Ych due allewyyl uf d Gieti vom GOTT verdraue.

11   Ych by esoo danggbaar für daas, wo duu gmacht hesch.
     Ych setz d Hoffnig uf dyy Naame, wo in dr Gmäind Guets
                                                    verhäisse duet.

53

(Äänlig isch es au im Kapittel 14 überliifered).

1   Für e Choorläiter, zum Danzen im Gräis.
     E Bsalm über d Wyyshäit, mid em David verbunde.

2   Menschen ooni Grips im Kopf reeden in irem Häärz:
     «S git käi GOTT!»
     Sy handlen abschöilig und verkeert.
     S git käin vo dääne, wo öppis Guets macht.

3   Aber dr GOTT luegt vom Himmel aaben
und duet d Menschekinder theschte.
Er wott see, ob öpper Grips het und nach em GOTT frooge duet.

4   Aber sy sin alli von em abgfalle,
ally zämme sin sy verdoorbe.
S git käine, wo öppis Guets mache duet.
Au nid äi Äinzige!

5   Hän denn die Üübeldäter käi Yysee?
Sy frässe my Volgg, wie me Broot verschlinge duet.
Aber zum GOTT dien sy nid rieffe.

6   Uf dr Stell sölle sy e Schregge bekoo – wie s en no nie gää gha het.
Dr GOTT duet Dootegnöche vo de Find verströie, wo dy
belaagered gha hän.
Schand üüber sy!
Dr GOTT duet nämmlig ir Dryybe verabschöie.

7   Wäär wird vo Zion koo und Israel d Befrei'ig bringe?
Wenn dr GOTT s Schiggsaal vo sym Volgg zum Guete wänded,
drno wird dr Jakob juuble, drno wird sich Israel fröie.

54

1   Für e Choorläiter, E Bsalm vo dr Wyyshäit.
Mid em David verbunde, wo me sött mid Säiteninschtrumänt spiile.

2   Säler Zyt, wo d Lüt vo Sif koo sin und em Saul gsäit hän:
«Dr David duet sich in unserer Geegend verstegge».

3   GOTT, due my rette! Daas duet dym Naamen entspräche!
Due mr zu mym Rächt verhälffe! Duu hesch doch d Graft drzue!

4 GOTT, loos uf my Gebätt!
Mach mini Oore für daas uff, was ych dr saage will:

5 Frächi Lüt mache mr z schaffe.
Sy sin zur Gwalt beräit, sy dien my Lääbe bedroo'e.
Sy dien dii, GOTT, nid beachte.

Sela.

6 Aber käi Angscht, dr GOTT isch es, wo mr kunnt go hälffe!
My GOTT isch bi dääne, wo zue mr stöön.

7 S Bööse soll uf mini Find zrugg gheie.
Zäig mr dy Dröi'i und due sy in d Pfanne haue!

8 Drno will ych dr gäärn en Opfer bringe.
Dy Naame – HEER – will y bryyse, är stoot nämmlig für s Guete.

9 Joo, us allne Nööt het er my gretted.
Mid äigenen Auge han y mini Find gsee am Boode liige.

55

1 Für e Choorläiter. E Bsalm vo dr Wyyshäit,
mid em David verbunde, wo me sött mid Säiteninschtrumänt spiile.

2 Loos uf my Gebätt, GOTT!
Zäig mym Zwänge nid die kalti Schultere!

3 Bass uf my uff!

Ych bi verzwyyfled und völlig vo dr Rolle.
4 Dr Find macht nämmlig e Saugrach.
Und die, wo anderi duurenää dien, die schreie, so lut sy könne.

Sy löön Liegen uf my räägnen
und dien my voller Wuet beschuldige.

5   My Häärz glopft in mynere Bruscht,
Angscht vor em Dood duet my überfalle.

6   Y ha dr Schlotteri
und zittere vor luter Schiss.

7   Do han y gsäit: «Wenn y numme Flügel hätti,
wien e Duube däät y drvoo fliegen und an en anderen Oort go woone.»

8   Ganz sicher – ych wurdi wyt ewägg abhauen
und d Nacht in dr Wieschti verbringe.

Sela.

9   Ych wurdi vor em Stuurm drvoo segglen
und my schnuerstraggs in Sicherhäit bringe.

10   My GOTT, bring sy doch hinderenander,
as sy sich nümme verstoo könne.
Ych see nämmlig Stryt
und Gwalt in dr Stadt:

11   Daag und Nacht gräise die um iri Muure.
Aber dinne herrsche s Eländ und d Noot.

12   Verdeerben isch in irem Innere.
Zmits drin wird Boosged und Gaunered.
S wird bschissen und erbrässt in ire Gasse.

13   S isch nid dr Find, wo s mr schwer mache duet –
daas könnt y no verdraage!
Und s isch niemerts, wo my gränzeloos hasse duet. –
Vor so äim würd yych my verstegge!

14   Näi, duu bisch es! Dää Mensch, wo mr am mäischte bedütted.
My Fründ, wo my volls Verdraue het!

15   Gärn simmer gmietlig zämme ghoggt.
Zämme simmer ins Huus vom GOTT gange go feschte.

16 Dr Dood soll über die Gauner koo!
Im blie'iende Lääbe sölle sy zu de Dooten aabe faare.
S Bööse woont nämmlig in ire Hüüser und in ire Häärze.

17 Yych aber, ych rief zum GOTT!
Dr HEER wird mr scho hälffe.

18 Zooben, am Moorgen und am Mittag –
y due glaagen und stöönen ooni Ändi.

Doo het äär my Stimm ghöört.

19 Er het my befreit vo dääne, wo uf my loos gange sin.
Ändlig hän sy my drnoo in Friide gloo.
S sin vyl vo dääne gsii, wo öppis geege my gha hän.

20 Dr GOTT soll s höören und sy bestroofe,
sii und die, wo im Oschde woone dien.
Sela.

Die halte sich nämmlig an nüt
und hän käi Respäggt vor em GOTT.

21 Dr faltschi Fründ het usdäilt gege die, won em verdraut gha hän.
Esoo het er dr Bund vo dr Fründschaft kabooris gmacht.

22 «Hoonig duet er enen um s Muul schmiire,
drbyy het er Grieg im Sinn.»
«Yyschlyyme duet er sich,
drbyy schnyyde syni Woort wien e Schwäärt».

23 Wirf uf e HEER, was dy belaschde duet!
Äär luegt scho füür dy!
Är wird s gaar nie zueloo,
as dr Grächti uf d Schnuure gheit.

24 Du aber, GOTT, stooss sy aaben in e diefs Loch,
im diefschte Grab.
Joo, die Halunggen und Möörder sölle stäärbe,
bevor sy d Mitti vo irem Lääben erräicht hän.
Yych aber due my ganzes Verdrauen uf dii setze.

56

1 Für e Choorläiter.
Nach dr Melodyy vo dr Duube, wo zu de fäärne Götter fliege duet.
Mid em David verbunde – en Inschrift vo sällere Zyt,
won en d Philister bi Gat gfange gno hän.

2 Heb Verbaarme mid mr, GOTT!
D Mensche gön mr nämmlig an Graage.
Dr ganzi Daag üüber goot äinen uf my loos.

3 Myni Find sin mr dr ganzi Daag uf de Fäärse!
Joo, vyli bekämpfe my vo oobenaabe.

4 Aber hüt, au wenn y no so Schiss ha,
duen y drotzdäm ganz uf dii verdraue.

5 Uf e GOTT – daas Woort duen y mr loobe:
Uf e GOTT duen y verdrauen und ha käi Angscht!
Waas könne mr denn d Menschen aadue?

6 Dr lieb lang Daag dien sy my mid ire Woort verletze.
Waas sy au blaane – s richted sich gege mii.

7 In bööser Absicht kömme sy nööcher, dien sy mr abbasse.
Joo, sy beobachte my uf Schritt und Dritt.
Sy hän s nämmlig uf my Lääben abgsee.

8 Was für en Unrächt! Sölle sy öppe drvoo koo?
Näi! In irer Verrügdi schmäisse sy d Lüt an Boode, GOTT!

9 My Eländ hesch duu doch ufgschriibe!
Sammle jetz mini Dräänen in dym Grueg!
Isch nid alles in dym Buech ufgschriibe?

10 No jetzt, wenn ych zue dr rieffe due,
    mien myni Fründ my in Rue loo.
    Ych wäiss es bestimmt: Dr GOTT duet für my yystoo!

11 Uf e GOTT – daas Wort loob ych miir!
    UF e HEER – daas Woort loob ych miir:

12 Uf e GOTT duen y verdraue und ha käi Angscht.
    Waas könne mr denn d Menschen aadue?

13 S liggt an miir, GOTT! Was yych versproche ha, daas will y halte.
    My Danggopfer will yych dr gää.

14 Duu hesch my Lääben im Dood ewägg gnoo.
    Myni Fiess hesch duu vor em Ussrutsche bewaart.
    Wäge däm kann yych my Wääg mid mym GOTT go –
    im Liecht, wo mr s Lääbe schängge duet.

57

1   Für e Choorläiter. Nach dr Melodyy «Due nüt kabutt mache».
    Mid em David verbunde – en Inschrift.
    Zu sälere Zyt, won äär vor em Saul in d Hööli gflüchted isch.

2   Due dy Verbarme, GOTT, due dy Verbarme!
    Bi diir han y nämmlig Schäärme gfunde.
    Im Schatte vo dyne Flüügel duen y my sicher füüle,
    bis s Unglügg vrbyy gange syy wiird.

3   Ych schrei zum GOTT, zum Högschte,
    zu mym GOTT, wo zu myne Gunschte handle duet.

4   Vom Himmel oobenaabe duet äär mr sy Hilf schigge,
au wenn my dää, wo mr nochstellt, schlächt mache wott.

Sela.

Joo, dr GOTT duet mr in synere Gnaad und synere Dröi'i hälffe.

5   My Schloofblätz isch zmits bi de Löie,
wo baraad sin zum Mensche frässe.
Iri Zeen sin wie Speer und Pfyyl,
iri Zunge so schaarf wien e Schwäärt.

6   Zäig doch, as duu über em Himmel bisch,
zäig dy über dr ganzen Äärden in dynere Heerligkäit.

7   Sy hän e Fangnetz gspannt für myni Fiess.
Sy hän welle, as ych dr Muet verliere due.
Sy hän für mii e Fangrueben usgrabe,
aber sy sin drnoo sälber yyne gheit.

Sela.

8   My Härz isch fescht, GOTT,
fescht wien e Felsen und voll Verdraue.
Drum will y singen und musiziere.

9   «Due bitte ufwache, my Gmiet,
wach bitte uf, du Glang vo dr Standhaarfen und dr Handhaarfe!
Ych will s Moorgeroot wegge.»

10   My GOTT, ych due dy unter de Völgger bryysen
und für dii duen y unter de Nazyoone spiile.

11   Gross bis zum Himmel isch nämmlig dy Gnaad
und bis zu de Wolgge dy Dröi'i!

12   Zäig, as de hööcher bisch wie dr Himmel, GOTT,
ooben an dr ganze Wält in dynere Heerligkäit.

58

1 Für e Choorläiter. Nach dr Melodyy «Due nüt kabutt mache».
 Mid em David verbunde – en Inschrift.

2 Isch es wiirgglig esoo: iir diend mid Schwyyge Rächt spräche?
 Diend iir d Menschekinder ufrichtig richte?

3 Näi! Mid Absicht diend er boosge.
 E roote Faade vo Gwalt ziend er dur s Land!

4 Vo dr Gebuurt aa göön d Üübeldääter uf em lätze Wääg.
 kuum geboore verlaufe sich die, wo liege dien.

5 Sy versprütze döödligs Gift, wie d Schlange –
 wien e daubi Kobra, mid verstopften Oore.

6 Esoo höört sy au nid uf e Schlangebeschwöörer,
 won e Zauberspruch gege Schlange kennt.

7 GOTT, duen en e doch d Zeen im Muul yyschloo!
 Due däne junge Löie doch s Gebiss verschloo, HEER!

8 Sy sölle verschwinde, grad esoo, wie s Wasser versiggere duet.
 Und wenn äine sy Pfyyl uf sy richte duet, drno sölle sy aabe singge.

9 Sy sölle drvoo grieche, wien e Schnägg.
 Und wien e Fäälgebuurt vonere Frau sölle sy d Sunne nid gsee.

10 Bevoor öiri Döpf s Brenne vom Doornegstrüpp meergge,
 wiird s dr HERR – syg s mid Lääbensgrafft oder Zornesgluet –

 fuurt wäie.

11 Drno wird dr Grächti sich fröie. Wenn er seet, wie dr GOTT strooft, kan
 er syni Fiess im Bluet vo den Üübeldääter baade.

12 Und d Mensche wärde saage: «Joo, grächt syy loont sich!
Joo, s git e GOTT, wo jeeden im Land zur Rächeschaft zie duet!"

59

1 Für e Choorläiter. Nach dr Melodyy «Due nüt kabutt mache».
Mid em David verbunde – en Inschrift.
Zu sälere Zyt, wo dr Saul syni Soldaate gschiggt gha het,
as sy s Huus bewachen und dr David dööte dien.

2 Due my vo myne Find rette, my GOTT!
Due my bschütze, wenn sy my aagryffe dien!

3 Due my vor dääne rette, wo Unglügg schaffe dien!
Hilff mr doch, wenn Mensche mr ans Lääbige wän.

4 Lueg aane, sy hän mr e Falle gstellt.
Sy sin staargg gnue, as sy uf my loos go könne.
Drbyy han y gaar nüd Unrächts gmacht, HEER!

5 Sy kömme z segglen zum Kampf, obwool ych unschuldig bi.
Wach uff, kumm mr entgeegen und lueg dr das sälber aa!

6 Duu bisch dr HEER, GOTT vo de himmlische Heerschaare!
GOTT, zie alli fremde Völgger zur Verantwoortig!
Due käine verschoone, wo dröiloos handle duet!
Sela.

7 Jeeden Oobe kömme sy wiider,
gläffe wien e Hund
und ströine dur d Stadt.

8   Lueg emoll, sy gäiferen allewyl bööses Gschwätz,
     wie Schwäärter uf ire Lippe.
     Sy dängge nämmlig: «Wär meerggt daas scho?»

9   Duu aber, bisch dr HEER! Du duesch sy uslache.
     Duu duesch über alli fremde Völgger spotte.

10   My Steerggi bisch duu! An dii will y my halte!
     Joo, my GOTT, my feschti Buurg, my guete GOTT!

11   My GOTT goot mr mid synere Gieti voruss.
     My GOTT loot my uf myni Geegner aabe luege.

12   Due sy aber nid umbringe! Sunscht könnti my Volgg s vergässe.
     Due sy dur dy HEER usenander jaagen und mach sy fertig!
     Duu bisch doch unsere Schutzschild, GOTT!

13   Wenn sy s Muul ufmache dien, drno sündige sy mid jedem Wort.
     Drum sölle sy in irem Hochmuet gfange syy.
     Sy verbräite nämmlig nüt als Fluech und Liege.

14   Due sy vernichten in dynere Döibi! Fäg sy ewägg, as sy nümme sin!
     Denn seet me, as dr GOTT über em Jakob sy Huus herrsche duet.
     Bis an s Ändi vo dr Wält goot sy Macht.
     Sela.

15   Jeeden Oobe kömme sy wiider,
     gläffe wien e Hund
     und ströine dur d Stadt.

16   Sy dryybe sich umme zum go ässe!
     Griege sy nid gnue, drno blyybe sy über Nacht und hän e Dummi.

17   Yych aber will E Bsalm singen über dy Steerggi!
     Am Moorge will y juuble über die Gieti!
     Duu bisch nämmlig e feschti Buurg für mii,
     en Oort zum Schutz am Daag, won y bedrängt wiird.

18   My Steerggi! Diir will y E Bsalm spiile!
      Joo, my GOTT, my feschti Buurg, GOTT vo mynere Gnaad!

60

1   Für e Choorläiter. Nach dr Lyylie-Melodyy.
      En Uurkunden, en Inschrift, mid em David verbunde.
      Zur Verwändig im Unterricht.

2   Säll moll, wo dr David in Grieg zoogen isch,
      gege d Aramäer us em Zwäistromland
      und gege d Aramäer vom Königrych Zoba.
      Und wo dr Joab häim koo isch
      und d Edomiter im Salzdaal gschlaage gha het, zölfdausig Maa.

3   GOTT, du hesch uns verstoosse,
      unseri Räie hesch duu usenander grisse. Voller Döibi bisch gsii.
      Richt uns wider uff!

4   Duu hesch d Äärde gschüttled, duu hesch s Land dief gspalte.
      Due jetz doch d Riss häile! Sunschd bricht s usenander.

5   Duu hesch dy Volgg meergge loo, wie hart s Lääben im Grieg isch.
      Duu hesch uns Wyy zum dringge gää, wo drümmlig macht.

6   Aber dääne, wo dy vereere dien, dääne hesch e Fäldzäiche gää.
      Dört hii könne sy flüchte vor dääne, wo Pfyyl und Booge hän.

      Sela.

7   Esoo wäärde dyni Fründ gretted.
      Hilff uns mid dynere staargge Hand und gib ys en Antwoort!

8   In sym Häiligdum het dr GOTT gsäit:
    «Yych wird juublen über my Syyg!
    S Land vo Sichem wird y verdäilen
    und s Daal vo Sukkot usmässe.

9   Miir ghöört Gilead und miir ghöört Manasse.
    Efraim isch my Helm,
    Juda my Herrscherstab.

10 Moab soll mr als Wäschbeggi diene.
    Uf Edom will y my Schue wärfe.
    Über d Philister wird ych driumfiere.»

11 Wäär ka my zur Gränzfeschtig bringe
    Wäär wird my sicher nach Edom fiere?

12 Saag, GOTT, hesch du uns wiirgglig verstoosse?
    Ziesch duu nümme mid uns in Grieg, GOTT?

13 Stand uns byy und duen ys vor em Find rette!
    D Hilf vo Mensche ka doo nüt usrichte.

14 Aber mid em GOTT wäärde mr syyge.
    Äär sälber wird unsere Find verdrampe.

61

1   Für e Choorläiter. Zur Muusig vo Säiteninschtrumänt.
    Mid em David verbunde.

2   GOTT, loos uf myni Glaage!
    Gib acht uf my Gebätt!

3   Vom Rand vo dr Wält rieff ych zu diir mid eme verzwyyflede Häärz.
     Bring my uf e sichere Felse. Für mii eläi isch er z hocch.

4   Joo, du bisch für mii dr äinzigi Schutzoort –
     e staargge Duurm, wo im Find standhalte duet.

5   Ych möchti allewyl Gascht syy in dym Zält.
     Unter dyne Flüügel will y Schutz sueche, wie imene Verstegg.
     Sela.

6   Duu, GOTT, hesch nämmlig ghöört, was ych globt ha.
     Duu hesch s Land dääne gää, wo dy Naamen in Eerfurcht bryyse.

7   Schängg doch em König e langs Lääbe,
     vyli Joor, vo Generazyoon zu Generazyoon!

8   Allewyl söll er vor em GOTT uf sym Droon sitze!
     Gieti und Dröi'i söllen en fortwäärend bewaare!

9   Ych will dy Naamen alli Zyt bryysen
     und was y globt ha erfülle Daag für Daag.

62

1   Für e Choorläiter, für e Jedutun. E Bsalm, mid em David verbunde.

2   Numme bim GOTT duet my Seel still schwyyge.
     Vo iim kunnt d Hilf, won y nöötig ha.

3   Nummen äär isch my Felsen und my Rettig –
     my feschti Buurg, esoo, as y nid wangge due.

4   Wie lang wänd iir gegen äinen eläi aastüürme –
     wie gegen e Huuswand, wo scho schebs isch,
     wie gegen e Stadtmuure, wo grad yystüürze duet?

5 Sy blaane, as sy en us synere hooche Stellig aabestüürze könne.
   Wenn s hälffe duet, no liege sy gäärn.
   Mid em Muul dien sy säägne,
   aber in irem Häärze dien sy flueche.

   Sela.

6 Numme bim GOTT duet my Seel still schwyyge.
   Vo iim kunnt d Hilf, won y nöötig ha.

7 Nummen äär isch my Felsen und my Rettig –
   my feschti Buurg, esoo, as y nid wangge due.

8 Uf e GOTT duet sich my Freihäit und my Häil gründe.
   My staargge Felse! Bim GOTT isch my Schutzoort.

9 Diend iim alli Zyt verdrauen, iir us däm Volgg!
   Diend öier Häärz vor em usschütte.
   Dr GOTT isch unsere Schutzoort.

   Sela.

10 Nuur e Huuch sin d Menschekinder.
   E driegerisches Nüt sin die Stäärblige!
   Legt me sy uf e Woog, fliege sy uf.
   Alli zämme sin lyychter als e Huuch.

11 Diend ych drum nid uf erbrässts Guet verloo.
   Gstooleni Sache dien öich au nüt nütze.
   Wenn öire Woolstand waggse duet,
   drno diend öier Häärz nid dra hängge.

12 Emoll het dr GOTT greedet,
   zwäi Sache han y ghöört:
   Dr GOTT het die vollkommeni Macht und git Schutz.

13 Und duu, my GOTT, bisch voller Gieti.
   Duu duesch jeede zur Rächeschaft zie
   für daas, won er gmacht het.

63

1   E Bsalm, mid em David verbunde.
      Zu sälere Zyt, won er in dr Wieschti Juda gsii isch.

2   GOTT, du bisch my GOTT, dii suech y allewyyl.
      My Seel het Duurscht nach diir.
      My Köörper schmachted nach diir im droggene Land.
      Er verzeert sich nach Wasser, aber s isch käins doo.

3   Drum lueg ych nach diir im Häiligtum.
      Ych will dy Graft und die Heerligkäit erfaare.

4   Joo, dy Gieti bedütted mr mee als s Lääbe.
      Myni Lippe sölle dy drfüür loobe.

5   Drum will y dy bryyse my ganzes Lääbe lang.
      In dym Naame duen y myni Händ zum Gebätt ufhebe.

6   Wie vom Ässen und Dringge wird mi Seel satt.
      Luter Juubellieder kömme vo myne Lippe.

7   Immer wiider han y uf mym Laager an dy dänggt.
      Äi Nachtwach um die anderi han ych über dii sinniert.

8   Duu bisch es gsii, wo mr gholfe het.
      Im Schatte vo dyne Flüügel duen y dy bryyse.

9   My Seel duet sich an dii glammere.
      Dy staarggi Hand duet my feschtheebe.

10   Aber die Lüt wämmer grundloos ans Lääbige.
      In d Diefi vo dr Äärde sölle sy aabestüürze.

11   Dr Scheerffi vom Schwärt söll me sy usliifere.
      Sy wäärde zur sichere Böiti vo de Schakaal.

12 Dr König aber darf sich fröien über e GOTT!
Jede darf sich rieme, wo bi iim gschwoore het.
Joo, ändlig wird däne Liegner s Muul gstopft.

64

1 Für e Choorläiter. E Bsalm, mid em David verbunde.

2 Hör my rieffe, GOTT! Diir duen y my Läid glaage!
Due my Lääbe vor däm schregglige Find bewaare!

3 Verstegg my vor em Bööse synere Druppe,
vor em schlimme Dryybe vo den Üübeldääter.

4 Die hän iri Zunge gscheerft wien e Schwäärt.
Dr Pfyyl uf irem Boogen isch e giftigs Woort.

5 Us dr Deggig uuse schiesse sy uf Unschuldigi.
Sy schiesse ganz blötzlig – me seet sy nid.

6 Sy sin fescht entschlosse zur bööse Daat.
Sy verabreede sich und wän Falle versteggen
und gänn grooss aa und saage: «Wäär ka sy entdegge?»

7 Sy dängge sich jeedi Mängi Bööses us.
Waas sy au blaane dien, sy halte s ghäim.
S Innere vom Mensch seet me nid und sy Häärz isch en Abgrund!

8 Dr GOTT aber het sy Pfyyl uf sy abgschosse.
Do sin sy wie vom Schlaag droffe gsii.

9   Iri äigeni Zunge het sy zum umgheie brocht.
     Jeede, wo s gsee het, het sich vor Lache gschüttled.

10   Aber alli Mensche hän Angscht griegt.
     Sy hän drvoo verzellt, was dr GOTT gmacht het
     und sy hän sy Handle verstande.

11   Dr Grächti darf sich über e HEER fröie –
     bi iim wird er sy Schutzoort sueche.
     Jeede darf sich rieme, won en eerlig Häärz het.

65

1   Für e Choorläiter. E Bsalm, mid em David verbunde.

2   Für dii isch s Schwyygen e Loobgsang,
     duu GOTT, wo uf em Zion droone duesch.
     Vor diir soll men erfülle, was me globt gha het.

3   Duu bisch es, wo unser Bittgebätt hööre duet.
     Zu diir kömmen alli Stäärblige.

4   Und wenn au unseri Verfäälige no so schweer wiege,
     duu bisch es, wo uns Vergääbig schängge duet.

5   Glügglig isch dää, wo duu erwääle duesch!
     Du losch en in dy Nööchi koo, er darf in dyne Hööf woone.
     Mr wän ys satt ässen an de Gaabe, wo mr in dym Huus griege –
     an de häilige Gaabe vo dym Dämpel.

6   Mid gwaltige Daate schaffsch duu Grächtigkäit.
GOTT, duu, wo uns errette duesch.
Diir dien die fäärnschte Länder vo dr Wält
und d Inslen im wyte Meer verdraue.

7   Duu hesch d Bäärge dur dy Graft gründed.
Steerggi hesch du dr wien e Gürtel umebunde.

8   S Brause vom Meer bringsch duu zum Schwyyge –
s Brause vo de Wooge,
joo, s Läärme vo de Nazyoone.

9   Die färnschte Länder hän Angscht vo dyne Zäiche.
Dr Oschten und dr Weschte losch duu juuble.

10   Duu hesch s Land bsuecht und mid Rääge versoorgt.
Duu hesch es ryych beschänggt mid Fruchtbaarkäit.
Dr Graabe, wo vom GOTT usgoot, isch mid Wasser gfüllt.
Du duesch s Geträide ufrichte, joo, esoo duesch s Fäld bstelle:

11   «Syni Fuurche wässere, syni Schollen eebe mache!»
Duu gisch Rääge drzue, duesch syni Gwäggs säägne.

12   Esoo hesch duu s Joor mid dyne Gieter gröönt.
D Spuure vo de Ärntewääge dien vo Fett drieffe.

13   In dr Steppe dien die griene Wiise juuchzge.
Wien e Band leggt sich dr Juubel um d Hüügel umme.

14   D Wäide fülle sich mid Schooff und Gäisse.
D Tääler hülle sich in Koorn wie in e Gläid.
Sy dien enander zuejuuble, joo, sy singen iir Lied.

66

1   E Bsalm für e Choorläiter. E Bsalm, e Bsalm.

     Diend em GOTT zuejuuble – alli Wält!

2   Diend singe vo dr Heerligkäit vo sym Naame
     Stimmed e Loobgsang aa uf sy Heerligkäit!

3   Saaged zum GOTT: «Wie gwaltig sin doch dyni Daate!
     Duu bisch riisig gross! Sogaar dyni Find dien dr schmäichle!»

4   D Menschen us allne Länder sölle sich vor diir verböige,
     sölle dy bryyse, dy Naame bryyse!

     Sela.

5   Kömmed und lueged, was dr GOTT gmacht het!
     Gwaltigi Määrgg macht er für d Menschekinder:

6   Er het s Meer in Land verwandled, wo droggen isch.
     Dur d Ströömige vom Meer sin sy z Fuess gange.

     Döört am Uufer wämmer uns über iin fröie,
7   äär, wo für immer in synere Macht herrsche duet.
     Äär duet die fremde Völgger im Aug bhalte.
     Die Wiiderspängschtige sin nümmen uffmüpfig geegen en.

     Sela.

8   Ir Völgger, diend dr GOTT bryyse!
     Löönd sy Ruum lut schallere!

9   Äär isch es, wo uns am Lääben erhalte duet!
     Er loot unsere Fuess nid usrutsche.

10   Joo, duu hesch uns uf d Broob gstellt, GOTT!
     Duu hesch uns dur Hitz glüütered, wie me Silber lüütere duet.

11 Duu hesch uns im Netz gfange,
   duu hesch uns d Angscht in d Gliider gjagt.

12 Grieger sin über unseri Köpf ewägg gritte.
   Dur s Füür und s Wasser simmer gange.
   Aber duu hesch uns in d Freihäit gfiert.

13 Ich bring in dy Huus Brandopfer,
   ych due bi diir yylööse, was ych dr globt ha.

14 Mid myne Lippe han y s versproche.
   In dr Noot het my Muul sy gsäit.

15 Diir bring y Brandopfer vo Maschdschoof,
   zämme mid em Duft vom Opfer vo de Widder.
   Rinder will y für s Opfer zueberäiten und Gäissbögg drzue.

   Sela.

16 Kömmed und loosed, was ych öich verzelle will, ir Eerfüürchtige!
   Loosed, was er für my Lääbe gmacht het!

17 Won yych no nach Hilf gschraue ha,
   isch scho dr Loobgsang uf myne Lippe glääge.

18 Hätt ych öppis Unrächts im Sinn gha,
   drno hätt my dr GOTT nid ghöört.

19 Aber dr GOTT het my ghöört.
   My luuts Gschrei het er beachted.

20 Briise syg dr GOTT!
   My Gebätt het er nid abgwiise
   und sy Gieti het er nid vo mr gnoo!

67

1   Für e Choorläiter, zum mid Säiteninschtrumänt begläite.
      E Bsalm, E Bsalm.

2   Dr GOTT söll uns sy Gnaad schänggen und ys säägne.
      Er söll sy Geegewaart unter uns straale loo.
      Sela.

3   Esoo wiird men uf Äärde dyni Wääg erkennen
      und bi allne Völgger dy Zuekunft voller Häil.

4   Dii, GOTT, sölle d Völgger bryyse!
      Alli Völgger zämme sölle dy bryyse!

5   D Nazyoone sölle sich fröien und juuble!
      Duu duesch sy nämmlig grächt regiere.
      Duu duesch d Nazyoone uf dr Äärde längge.
      Sela.

6   Dii, GOTT, sölle d Völgger bryyse!
      Alli Völgger zämme sölle dy bryyse!

7   S Land het uns e ryychi Ärnti gschänggt.
      Dr GOTT, unsere GOTT, het uns dr Sääge gää.

8   Esoo söll uns dr GOTT au wyter säägne!
      Us allne Däil vo dr Äärde sölle mr iim mid Eerfurcht begegne.

68

1 Für e Choorläiter. Mid em David verbunde.
E Bsalm. E Bsalm.

2 Wenn dr GOTT in synere Macht ufstoot,
seggle d Find in alli Richtige drvoo.
Mensche, won en hasse dien, die flüchte voor em.

3 Wie Rauch dur e Windstooss verwäie duet,
wie Waggs in dr Nööchi vom Füür schmelze duet –
esoo mien d Üübeldääter vor em GOTT vergoo.

4 Aber die Grächte dörfe sich fröie.
Sy dien vor em GOTT juublen
und juuchzge vor Fröid.

5 Singed E Bsalm für e GOTT!
Diend sy Naame bryyse!
Diend s uffe bringe zu däm, wo uf de Wolgge rytte duet
mid : «HEER isch sy Naame». Diend en mid juublen empfange!

6 E Vatter vo de Wäisen, e Füürsprächer vo de Witfraue:
Dasch unsere GOTT in synere häilige Woonig.

7 Dr GOTT schänggt däne, won eläi sin, e Häimed
und die, wo gfange sin, duet er in d Freihäit fiere.
Numme die, wo Mäis mache, blyyben im dürre Land.

8 GOTT, wo duu an dr Spitze vo dym Volgg usszooge bisch,
wo duu dur d Wieschti gloffe bisch –

Sela

9 do het s en Äärdbeebe gää. In Strööme het s gräägned vom Himmel,
vor em Gsicht vom GOTT, wo vom Sinai kunnt –
vor dr Geegewaart vom GOTT, em GOTT vo Israel.

10 Räägen im Üüberfluss hesch gschänggt, GOTT!
Dy Land, wo usgmeergled gsii isch, hesch wider in Oornig brocht.

11 Au dyni Dier kömme nach dr Droggehäit wider zrugg.
Mid däm, wo duu hesch, GOTT, duesch duu dr Armi versoorge.

12 Dr GOTT verzellt vo sym Syyg
Vyyli sin underwäggs, wo die fröidigi Bootschaft wyter draage dien:

13 «D König vo de Griegsheer dien schnuerstraggs flüchten
und dehäim duet d Frau d Böiti verdäile.»

14 Wänd iir doo no bi de Häärde blyybe? –
D Flügel vo dr Duube sin mid Silber überzooge,
ir Gfiider schimmered in griengäälem Gold».

15 Wenn dr Gwaltigi die Könign esoo verströie duet,
drno fallt sogaar Schnee uf em Schwarzberg.

16 Duu Bäärg vom GOTT, duu, Gebiirge Basan!
duu Bäärg mid Gipfle, duu, Gebirge Basan!

17 Ir Bäärgen, ir Gipfle! Worum lueged er so nyydisch –
zum Bäärg, wo dr GOTT sich als Woonsitz wünsche duet?
Joo, döört will dr HEER für immer woone.

18 Dr Droonwaage vom GOTT stoot beräit.
Zäädausig mol zäädausig stöön drum umme.
Dr GOTT kunnt vom Sinai in sy Häiligdum.

19 Esoo bisch duu in d Hööchi gfaare und hesch Gfangeni häim brocht.
Vo de Mensche hesch Abgoobe gnoo –
sogaar vo den Uffmüpfige – Joo, GOTT isch dr HEER!

20 Briise syg dr GOTT Daag für Daag!
Er duet unseri Lascht draage! Dr GOTT isch unseri Hilf!
Sela.

21 Dr GOTT isch für uns. Er isch e GOTT, won ys hälffe duet.
Jo, dr HEER kennt Usswääg, wo sogaar us em Dood uusefiere dien.

22 Aber dää, wo s Haupt isch vo syne Find, dää duet er verschmättere.
Und dää, wo tschuld isch, dää phaggt er am Wiggel.

23 Dr GOTT het gsäit: «Ych hool sy alli zrugg us em Gebiirge Basan.
Sogaar us em dieffe Meer hool y sy zrugg!"

24 Drno duesch duu dy Fuess im Bluet vo dyne Find baaden
und dyni Hünd gäifere nach irem Aadäil.

25 Mensche hän dy Yyzug gsee, GOTT!
Sy hän gsee, wie my GOTT und König in sy Häiligdum yynen isch:

26 Voruss gange sin d Sänger, gfolgt vo de Säitespiiler.
Zmits drin hän d Fraue d Handdrummle gschlaage.

27 In Chöör hän sy dr GOTT begriesst,
dr HEER, dr Lääbensquell vo Israel.

28 Lueg, döört isch dr Benjamin, dr Jüngschti an irer Spitze.
S foolge d Fürschden us Juda im feschtlige Zuug,
hinde draa die us Sebulon und us Naftali.»

29 Dyy Macht, GOTT, hesch duu zum Yysatz brocht.
Zäig uns jetz die Steerggi, GOTT, wie friener.

30 Lo dy Macht vo dym Dämpel usgoo, hooch über Jerusalem!
D König sölle iri Gschängg zu diir bringe.

31 Mach däm Undier us em Schilf Angscht
und däre Hoorde vo wilde Stier, wo unter de Kälber herrsche duet!
Due die verdrampe, wo s Silber gäärn hän.
Due die verströie, wo gäärn Grieg fiere dien!

32 Us Egypte kömme sy mid koschtbaarem Schmugg.
Kusch rennt aane mid syne Gaabe für dr GOTT.

33 Ir Königryych vo dären Äärde, singed für e GOTT!
Spiiled öiri Lieder vor em GOTT!

Sela.

34 Spiiled für dää, wo über e Himmel faare duet, wo s syt Uurzyte git!
Loosed, er loot sy Stimm erschalle – e gwaltigi Donnerstimm.

35 Gänd im GOTT d Macht!
Er regiert über Israel
und in synere Macht duet er d Wolgge längge.

36 Duu duesch Eerfurcht gebiete, GOTT,
wenn duu vo dym Häiligdum uuse gosch.
Duu, dr GOTT vo Israel, wo im Volgg Steerggi und Macht schänggt.

Briise syg dr GOTT!

69

1 Für e Choorläiter.
Nach dr Lyylie-Melodyy. Mid em David verbunde.

2 Due my rette, GOTT!
S Wasser stoot mr nämmlig bis zum Hals.

3 Ych stegg bis zum Hals im bodeloose Schlamm
und find käi feschte Boode.
Y bi in diefs Wasser yyne groote.
E Fluetwälle het my fuurt gspielt.

4 Völlig kabut bin y vo mym Schreie.
My Guurglen isch drvoo scho ganz häiser.
Myni Auge sin ganz mied woorde,
won y nach mym GOTT Usschau ghalte ha.

5 Find, wo my ooni Grund hasse dien,
han y mee als Hoor uf mym Kopf.
S sin staarggi Geegner, wo my wän verdeerbe.
Und was sy mr vorwäärfe dien isch erschtunggen und erlooge.
Yych soll enen öppis zrugg gää,
won y ne gaar nid gnoo gha ha.

6 GOTT, duu wäisch, was y falsch gmacht ha.
My Schuld isch vor diir nid verboorge.

7   Niemerts, wo uf dii hoffe duet, my GOTT,
söll dur mii enttüscht wärde – du HEER vo de himmlische Heerschaare.
Niemerts, wo nach diir frooge duet, du GOTT vo Israel,
söll dur my Eeländ muetlos wäärde.

8   Wäge diir duen ych nämmlig Schand verdraage,
wäge diir stygt mr d Schaamrööti ins Gsicht.

9   Myni Briedere wän my nümme kenne.
D Söön vo mynere Mueter dien my wien e fremde Fötzel behandle.

10   Joo, s Yyfere für die Huus het my ufgfrässe.
Und s Gspött, wo me my drmit verspotte duet, het my schweer droffe.

11   Won y bim Faschte ha afo brieele,
do hän sy my nummen usglacht.

12   Won y zum biessen e Sagg aagleggt gha ha,
hän sy my zur Sau gmacht.

13   Sy hoggen im Stadtdoor und dien über my leschdere.
Sy singe Lumpelieder und suffe Bier drzue.

14   Yych aber schigg my Gebätt zu diir,
HEER, zu däre Zyt, wo s diir gfalle duet.

Gib mr Antwoort, GOTT, in dynere groosse Gieti.
Zäig mr dy Dröi'I und due my rette!

15   Zie my us em Drägg! Sunsch mues y no drin versingge.
Due my us em Struudel vom Hass retten und us em dieffe Wasser!

16   Lo nid zue, as e Fluetwälle my fuurt spiele duet!
Lo nid zue, as my dä Abgrund verschlingt.
Und d Öffnig vom Brunne söll sich nid über miir zue schliesse!

17   Gib mr Antwoort, HEER! Dy Gieti duet so wool!
Dräi dy zue mr! Dy Mitläid isch esoo grooss!

18   Due dy Gsicht nid vo mr ewägg dräie!
Ych bi nämmlig in dr grööschte Noot! Gib mr bald en Antwoort!

19   Kumm zue mr und due my us dr Gfoor erlööse.
Due my befreie – myne Finde zum Drotz!

20 Duu wäisch, wie seer sy my beläidigt hän,
    wie sy my enttüscht und aabe gmacht hän.
    Alli myni Verfolger stöön vor mynen Auge.

21 So bedupft z wäärde, daas bricht mr s Häärz und macht my hii.
    Ych ha ghofft, as öpper mid mr Mitläid hätti – s isch für d Függs gsii.
    Ych ha gwaarted, as my öpper dröschde wurdi – vergiss es!

22 Sy gän mr Gift as Grangge-Koscht
    und zum Dringgen Essig gegen e Durscht.

23 Aber dr Disch, wo sy deggt hän, dä söll ne zum Verhängnis wäärde.
    Und s Opfer, wo sy ässe, daas söll sich als Fallen erwyyse.

24 Mach iri Auge drieb, as sy nüt me see könne!
    Mach ene wäichi Gnöi, as sy für immer hingge!

25 Lo dy Wuet über sy koo!
    D Gluet vo dynere Döibi soll sy dräffe!

26 Ire Laagerblatz soll verloo wäärde!
    Niemerts söll me in ire Zält inne woone!

27 Sogaar dää, wo du sälber gschlaage hesch, dää hän sy verfolggt.
    Und dääne, wo verwunded woorde sin, hän sy no mee wee gmacht.

28 Sy sölle vo äinere Schuld in die anderi groote!
    Esoo kömme sy nie me zur Grächtigkäit vor diir.
29 Sy söllen ussglöscht wäärden us em Buech vom Lääbe.
    Iri Nääme sölle nid bi de Grächte uffgfiert syy.

30 Yych aber füül my eeländ und s macht mr alles wee.
    Dy Hilf, GOTT, wird my ufbaue.

31 Ych will dr Naame vom GOTT imene Bsalm bryyse.
    Mid eme Gebättt will ych en looben und em dangge.

32 Daas gfallt em HEER nämmlig besser
    als Opferdier, als e Stier mid Höörner und gspaltene Glaue.

33 Lueged aane, ir Aarme! Fröied öich doch!
    Ir, wo dr GOTT sueche diend, fassed nöie Muet!

34 Dr HEER loost nämmlig uf die Aarme.
    Und die Gfangene, wo zuenem ghöre dien, die het er nid verachted.

35 Himmel und Äärde söllen en drfüür loobe
dzue s Meer und alles, wo in em lääbe duet.

36 Joo, dr GOTT wird Zion rette
und Döchtere vo Juda wider ufrychte.
Döört wird me blyyben und s Land bsitze.

37 D Noochkomme vo syne Gnächt wäärde s eerbe.
Und wär sy Naame gärn het, dää wird döört woone.

70

(Bsalm 40,14-18)

1 Für e Choorläiter.
Mid em David verbunde. Zur Erinnerig.

2 GOTT, duu kasch my doch rette!
HEER, kumm mr schnäll go hälffe.

3 In Grund und Boode sölle sich die schämme,
wo my zur Streggi bringe wän.
Sy sölle root vor Schaam zrugg wyyche,
die, wo sich über my Unglügg fröie dien.

4 Zu irer Schand mien sy umkeere.
Sy rieffe nämmlig höönisch: «S gscheit dr Rächt!»

5 Aber alli, wo dy wiirgglig sueche dien,
sölle juublen und sich über dii fröie.
Und die, wo sich nach dynere Hilff seene dien,
söllen allewyl saage: «Dr GOTT isch grooss!»

6   Yych aber bi aarm und weerloos.
    GOTT, kumm doch schnäll zue mr.
    Duu bisch my Hälfer und my Retter!
    HEER, due nid zöögere!

71

1   Bi diir, HEER, füül ych mii geboorge.
    Lo my bitte nid kabooris go.

2   Duu kasch my in dynere Grächtigkäit retten und befreie.
    Schängg mr en offes Oor und hilff mr.

3   Syg für mii e Verstegg im Felse.
    Döört aane kan ych immer koo, as y vo diir Hilf ka griege.
    Duu bisch jo my Felsen und my Buurg!

4   My GOTT, due my retten us dr Hand vo den Üübeldääter.
    Befrei my us em Schwitzkaschte vo de Lüt, wo mr Unrächt dien!

5   Duu bisch nämmlig my Hoffnig, my GOTT und HEER.
    Syt y gläi gsii bi, bisch duu dr Grund für my Zueversicht.

6   Syt y uf d Wält koo bi, han y my uf dii könne verloo.
    Uf dii han y my gstützt, syt y us em Buuch vo mynere Mamme koo bi.
    Drum duen ych dy allewyl loobe.

7   Wien e Schreggbild bin y für vyyli woorde,
    aber duu bisch my feschte Zuefluchtsoort.

8   My Muul isch voll vo dym Ruum.
    Dr ganzi Daag will y dy Heerligkäit rieme.

9   Lo my nid gheie, jetz won y alt bi!
    Jetz, wo myni Greft abnää dien, lo my nid im Stich!

10 Myni Find reede nämmlig über my.
    Und d Lüt, wo my bespitzle dien, hän sich midenander beroote:

11 «Dr GOTT het en verloo.
Laufed em nooch und phagged en!
S git nämmlig käine, won em hälffe duet!»

12 GOTT, blyb nid wyt ewägg vo miir!
My GOTT, kumm mr schnäll go hälffe!

13 Die, wo my vor em Kaadi beschuldige dien,
söllen enttüscht wärden und Schimpf und Schand erlääbe.

14 Yych aber lueg allewyl uf dii
und will dy Loob vermeere.

15 My Muul söll vo dynere Grächtigkäit verzellen
und dr ganzi Daag vo dynere Hilf brichte.
E Schryybkünschtler bin y nämmlig nid.

16 Ych kumm mid de Heldedaate vom GOTT, mym HEER.
An dy Grächtigkäit will y erinnere – an dii eläi.

17 GOTT, du hesch my gleert sit y gläi gsii bi.
Und bis hüt will ych vo dyne Wunderdaate reede.

18 Aber jetzt bin y alt und ha graui Hoor.
Ach GOTT, lo my nid im Stich!
Ych möcht no lang vo dynere Macht verzelle,
de Kinder und Grooskinder vo däm brichte, wo duu machsch.

19 Dy Grächtigkäit, GOTT, duet bis zum Himmel länge.
Groossi Sache hesch duu gmacht!
GOTT, wäär isch wie duu?

20 Vyl Noot und Unglügg hesch my lo erfaare loo.
Schängg mr jetz nöie Lääbensmuet!
Due my wider uufe fieren us de Dieffene vo dr Äärde!

21 Lo my Aasee waggse!
Syg um my und due my drööschte!

22 Ych due dr dangge mid em Spiil uf dr Haarfe
as duu zue mr ghalte hesch, my GOTT.
Zur Handhaarfe will y Looblieder für dy singe –
dir, em Häilige vo Israel.

23 Myni Lippe sölle juuble,
wenn y für dii singe due –
zum Dangg für my Lääbe, wo duu gretted hesch.

24 Au my Zunge söll dr ganzi Daag vo dynere Grächtigkäit reede.
Die nämmlig, wo my Unglügg hän welle, sin enttüscht woorde.

72

1 Mid em Salomo verbunde.

GOTT, gib em König dyni Rächtsvoorschrifte!
Schängg em Droonfolger dy Grächtigkäit!

2 Äär söll ooni Voorbehalt über dy Volgg uurtäilen
und über dynen Aarme, wie daas s Rächt verlange duet.

3 D Bäärge sölle dym Volgg Friide bringen
und d Hügel Grächtigkäit erwyyse.

4 Den Aarmen im Volgg söll er Grächtigkäit verschaffe.
D Kinder vo dääne, wo nüt hän, söll er rette,
aber die, wo sy unterdrugge dien, die söll er verdrampe.

5 Lang söll er lääben unter em Schyyn vo dr Sunnen
und vom Mond vo Generazyoon zu Generazyoon!

6 Er söll aabe koo wien e Räägen uf e gmääts Fäld
und wien e Räägeschauer dr Boode nass mache.

7 Dr Grächti söll uffblieien in syne Dääg.
Und Friide söll syy wyt und bräit, soo lang, bis es dr Mond nümme git.

8 Äär wird herrsche vo äim Meer bis zum andere,
vom Stroom bis zum üsserschte Rand vo dr Wält.

9   Vor em aabe gnöile määrde d Bewooner vo dr Wieschti
     und syni Find dr Staub vom Booden ässe.

10   D König vo Tarsis und vo den Insle
     määrden em Gaschtgschängg bringe.
     D König vo Saba und Seba
     zaalen em dr veryybarti Dribut.

11   Unterwäärfe määrde sich iim alli König.
     Alli Völgger stelle sich in sy Dienscht.

12   Joo, äär retted dää, wo nüt het und nach em schreie duet.
     Er hilft im Aarme, wo käi Hälfer het.

13   Er het Mitläid mid de Schwachen und dääne, wo nüt hän,
     und luegt für sy, as sy am Lääbe blyybe dien.

14   Er befreit ir Lääben us Bevoormundig und Gwalt.
     So määrtvoll isch ir Bluet in synen Auge.

15   Hooch soll er lääbe! S Gold vo Seba wiird men em gää!
     Ooni Pause söll me für en bätte,
     jeede Daag söll men em Sääge wünsche!

16   Schwümmen im Gedräide söll men im Land.
     Uf de Hööchene vo de Bäärge rusche d Fälder.
     Wie dr Libanon wird sy Frucht gedeie,
     syni Ääre wie Graas us em Boode spriesse.

17   Sy Naame söll allewyl in hochem Aasee stoo.
     Under em Schyyn vo dr Sunne söll sy Ruum waggse.
     D Völgger bekömme Sääge dur iin.
     Sii alli wünschen em Glügg drzue.

18   Syg briise, HEER, GOTT, du GOTT vo Israel!
     Duu, dää won eläi Wunder mache kaa!

19   Briise syg sy heerlige Naamen für alli Zyt!
     Joo, die ganzi Äärde wird erfüllt vo synere Heerligkäit.
     Aamen! Und nonemoll: Aamen!

20   Doo drmit hören d Gebätt vom David, em Bueb vom Isai, uff.

Däilbuech 3

Bsalm 73 – 83   Bsalme, wo mid em Asaf verbunden sin

Bsalm 84,85,87,88   Bsalme, wo mit de Korachite verbunde sin

Bsalm 86   E Bsalm, wo mid em David verbunden isch

Bsalm 89   E Bsalm, wo mid em Etan verbunden isch

Bsalm 89,53   D Loobbryysig vom HEER

Briise syg dr HEER alli Zyt!

Aamen! Und noonemoll: Aamen!

Bsalm 89,53

73

1   E Bsalm,
mid em Asaf verbunde.

    Joo, wiirgglig, dr GOTT isch guet zu Israel,
zue dääne, won e suubers Häärz hän!

2   Ych wär fascht über myni äigene Fiess gheit.
Um e Hoor hät s my gleggt.

3   Ych bi schaluu gsii uf die Blagööri, won y gsee ha,
wie guet s däne Dräggsegg gangen isch.

4   Dääne macht offesichtlig nüt wee,
sy sin gsund und vollgfrässe.

5   Dr Grampf, wo d Mensche hän, kenne sy nid
und d Soorge vo de Lüt sin ene wuurscht.

6   Drum draage sy iri Yybildig wien e Halskettene
und hülle sich in e Deggi vo Gwalt.

7   Us iren Auge grinst dr Woolstand uuse,
vor luter Yybildig hüpft ene s Häärz.

8   Sy spotten und reeden in bööser Absicht,
dien d Woort verdräien und dien yyschüchtere.

9   Sy verrysse s Muul bis zum Himmel uffen
und löön irere bööse Zunge freie Lauf uf dr Äärde.

10   Drum dräit sich s Volgg iinen entgeege.
S griegt nid gnueg vo irem Gschwaafel.

11   Sy sääge:
«Wie söll denn dr GOTT drvoo erfaare?
Was wäiss denn dr Högschti scho?»

12 Lueged numme gnau: Esoo dien d Üübeldääter lääbe.
S dien s Vermöögen ungstöört allewyl vermeere.

13 Joo, wiirgglig! Für nüt han ych my Häärz suuber ghalte.
Für d Függs han y myni Händ in Unschuld gwäsche!

14 Vyylmee stegg y in myne Soorge Daag für Daag,
jeede nöie Moorge isch wien e Strooff für my.

15 Ych könnti zwoor saage: «Ych will esoo reede wie sii!"
Aber drno däät y d Gmäinschaft mid dyne Kinder verloo.

16 Also han y noochedänggt zum daas könne verstoo!
Aber s isch miesaam gsii in mynen Auge.

17 Schliesslig bin y in die häilige Halle vom GOTT gange.
Do han y uf e Boode gluegt und ha s verstande.

18 Joo, wiirgglig: Duu hesch sy uf s Glattyys gfiert
und sy uf iri Düschig lo yyne gheie.

19 Aber wie blötzlig isch für sii s Entsetze koo?
Uf äi Dätsch hän sy e schreggligs Ändi gfunde –

20 wie bin eme Draum, wo s böösen Erwache folge duet!
Und wenn sy wach wäärde, GOTT, blybt numme non e Schatte
üübrig.

21 Wenn my Häärz also verbittere duet
und y Sytestäche ha –

22 Denn bin y so blööd wien e Rindvyych
und stoo vor diir wien en Eesel am Bäärg.

23 Drotzdäm blyb ych allewyl bi diir.
Duu hebsch my fescht an dynere Hand.

24 Du fiersch my nach dym Blaan.
Und wenn y ussgläbt ha, nimmsch duu my in Gnaade bi diir uff.

25 Wäär hätt ych sunscht im Himmel, wenn nid dii?
Bi diir syy, dasch alles, won ych mr uf dr Äärde wünsche due.

26 Und wenn my Lyyb und Lääbe vergangen isch:
Drno blybsch duu, GOTT, allewyyl no my Felsen und my Eerbdäil

27 Joo, wär vor diir abhaue duet, dää wird umkoo.
Wäär sich vo dir ewägg dräie duet, dää duesch duu vernichte.

28 Yych aber due bekenne: Nooch bim GOTT, dasch guet für mii.
Bim HEER, mym GOTT, han ych my Schutz.
Vo allne syne Wäärgg will y gäärn verzelle.

74

1 E Leergedicht, mid em Asaf verbunde.

Worum, GOTT, hesch duu uns für immer verstosse?
Worum loodered dy Döibi gege di Schooff uf dym Wäidland?

2 Dängg doch an dy Gmäind, wo dr sit Uurzyte ghööre duet.
Du hesch sy doch als Volgg für dy Eerb frei kauft.
Dy Erbland isch dr Bäärg Zion, wo duu druff woone duesch.

3 Gang zu de Drümmerhüffe, wo für immer doo liige dien.
Alles hän d Find kabut gmacht im Häiligdum.

4 Mid groossem Tamtam sin sy in d Versammlig yyne gstüürmt.
Uf em Blatz hän sy iri Faanen ufgstellt gha.

5 Sy schlöön dryy, wie me Beili ufhebt,
und mid enen im Diggicht vom Wald schwinge duet.

6 Sogaar alli koschdbaare Schnitzereie zämme –
die hän sy zämme gschlaage mid Beil und Hammer.

7 Denn hän sy dy Häiligdum in Brand gsteggt.
Dr Oort, wo me dy Naame globt gha het,
hän sy bis uf e Booden aaben enteert.

8 Sy hän sich voorgnoo: «Mr zwinge sy in d Gnöi, alli zämme!»
Sy hän alli Gotteshüüser im Land verbrennt.

9 Unseri Zäiche hän sy denn nümme gsee.
Au isch käi Brofeet me ufdräte.
Und niemerts vo uns wäiss: Wie lang no?

10 Wie lang no, GOTT, darf dr Aagryffer spotte?
Darf dr Find für immer dy Naamen in Drägg zie?

11 Worum ziesch duu dy Aarm zrugg, dy Rächti?
Stregg sy us em Fueder vo dym Mantel uusen und mach sy hii.

12 Und doch isch dr GOTT my König syt Uurzyte.
Äär duet zmits uf dr Äärde vyl mache, won ys rette duet.

13 Duu hesch s Meer dur dy Macht ufgwiirbled!
D Köpf vo de Unghüür über em Wasser hesch duu verschmättered.

14 Duu hesch d Köpf vom Leviatan verstüggled
und de Häifisch zum Frass voorgwoorfe.

15 Duu hesch Gwellen und Bäch uusespruudle loo
und ryssendi Strööm hesch du drogge gleggt.

16 Diir ghöört dr Daag und au d Nacht.
Duu hesch dr Mond und Sunne beräit gstellt.

17 Duu hesch alli Gränzen uf Äärde fescht gleggt.
Summer und Winter hesch duu gmacht.

18 HEER, due dra dängge: Dr Find het dy verhöönt!
E Volgg ooni Ruggsicht duet dy Naame läschdere.

19 Gib s Lääbe vo dynere Duube nyd de wilde Dier bryys!
Und s Lääbe vo dynen Aarme – due s nie vergässe!

20 Lueg uf e Bund, wo s Lääbe bewaare duet!
Im Land git s nämmlig vyyl Schlupfwinggel
und uf de Wäide herrscht rohi Gwalt.

21 Weerloosi sölle nid nonemoll in Schand groote.
Aarmi und sottigi, wo nüt hän, sölle dy Naame loobe.

22 Stand uf, GOTT! Due duu dr Rächtsstryt fiere!
    Dängg draa, wie die Bööse dy verhöönt hän – Daag für Daag!

23 Vergiss nid das aaduurende Gschrei vo dyne Find –
    s Läärme vo de Geegner, wo zum Himmel schreit.

75

1 Für e Choorläiter. Nach dr Melodyy «Due nid zerstööre!» –
   E Bsalm, mid em Asaf verbunde.

2 Mr dien dr dangge, GOTT!
   mr dien dy bryyse!
   Mr dangge dr, as dy Naamen uns nooch isch.
   Dyni Wunderdaate verzelle drvoo.

3 "Joo, wiirgglig, ych wiird e Zytphunggt bestimme.
   Drno duen y uf grächti Aart richte.

4 Und sotti d Äärden au beebe, mid allnen ire Bewooner –
   yych sälber ha d Süülen uf feschte Grund gstellt.
   Sela.

5 Ych ha zu dänen Aagääber gsäit: Sind doch nid eso yybilded!»
   Und zu den Üübeldääter: «Hebed öiri Naase nid e so hooch uffe!

6 Und diend öiri Häls nid eso stregge
   zum frächi Reede schwinge!»

7 Er händ nämmlig weder vom Oschte no vom Weschte
   no vo dr Wieschti häär Grund drzue.

8 Dr GOTT eläi isch dr Richter.
   Dr äinti wird er abe due, der anderi wiird er uffe lüpfe.

9 Joo wiirgglig, dr HEER het e Bächer baraat –
gfüllt mid briggelndem Wyy, vermischt mid bittere Gwüürz.
Doo drvoo schänggt er dr Räie nooch yy.

Sogaar sy Heefi mien sy schlüürfe.
Alli Üübeldääter im Land mien drvoo dringge.

10 Yych aber will s für alli Zyten uuse rieffen
und drvoo singe, was dr GOTT vom Jakob saage duet:

11 «Ych wiird alli Höörner abschloo vo de Luusbuebe.
Aber d Höörner vo de Grächte wäärden in d Hööchi uffe raage.

76

1 Für e Choorläiter. Zur Muusig vo Säiteninschtrumänt.
E Bsalm, mid em Asaf verbunde.

2 Beschdens bekannt isch dr GOTT in Juda,
in Israel duet me sy Naame schetze.

3 In Salem het er sy Zält,
und sy Woonig um e Zion.

4 Döört het er syni Pfyyl vom Booge verbroche,
drmit au Schild, Schwäärt und Griegsgrät.

Sela.

5 Im Glanz vom Füür bisch duu erschiine,
mächtiger wien e ryssende Löi.

6 Blündered het me dyni dapfere Grieger,
wo sy im Schloof gschlummered hän.
Und käine vo däne Helde het öppis können ussrichte mid syne Hän

7   Wo duu sy bedroot gha hesch, GOTT vom Jakob,
sin Ross wie Waage wie bedäubt liige bliibe.

8   Duu, joo, du bisch jo zum Angscht griege!
Wäär ka diir byykoo, wenn duu glaade bisch?

9   Vom Himmel obenaabe hesch duu dy Uurtäil verkünded.
Doo isch sogaar d Äärde verschroggen und het s Muul ghalte.

10   Esoo bisch duu ufgstande zum Grichtsentschäid, GOTT,
wo alli Unterdruggten uf dr Äärde rette duet.

Sela.

11   Sölle d Mensche doch koche vor Wuet! Sy mien dy jo doch bryyse.
Und wenn e baar us Wuet nid wän, drno mien sii dy drotzdäm fyyre.

12   Diend em HEER e Glööbnis bringen und diend em s drno au erfülle!
Alli söllen iri Gschängg zuen em bringe, iim, wo Angscht macht.

13   Äär nimmt de Fürschden ire Muet.
Äär versetzt d König vo dr Wält in Angscht und Schregge.

77

1   Für e Choorläiter. Nach dr Melodyy vom Jedutun.
Mid em Asaf verbunde. E Bsalm.

2   Lut duen y zue dr rieffe, GOTT, ych schrei sogaar!
Luet duen y zum GOTT rieffe – äär wird my hööre!

3   Won y in Noot gsii bi, han y dr GOTT gsuecht.
Z Nacht han y myni Händ usgstreggt und bi nid mied woorde drbyy.
Aber my Seel het sich nid lo drööschte loo.

4 Ych will an GOTT dänggen, ych due süüfzge!
Ych due grüüblen und due dr Muet verliere.

Sela.

5 D Liider vo mynen Auge hesch duu offe ghalte.
Ych bin esoo ufgwielt gsii, as y kuum ha könne reede.

6 Esoo versingg y in Gedanggen an friener,
an die Joor, wo syt langem vergange sind.

7 Z Nacht, wenn y uf de Säite spiil, duen y sinniere.
Ych mach mr myni Gedanggen im Häärz.
Ych suech nach Antwoorten in mym Gäischt:

8 «Wenn dr GOTT öpper verstosse duet,
wird er drnoo für immer dra fescht halte?

9 Isch denn ändgültig Schluss mid synere Gieti?
Duet sy Verhäissig nümme gälte vo Generazyoon zu Generazyoon?

10 Het dr GOTT sy Barmhäärzigkäit vergässe?
Oder duet sy Döibi sy Mitläid überwiege?»

Sela.

11 Doo han y zue mr gsäit: "S macht my ganz grangg,
as dr Högschti daas gändered het, won er bishäär gmacht gha het.

12 Ych will my an d Daate vom HEER erinnere.
Joo wiirgglig, dängge will an d Wunder us de Zyte, wo vrbyy sin.

13 Ych due über alli dyni Wunderdaate noochedängge.
Ych mach mr Gedanggen über das, wo du gmacht hesch.

14 GOTT, dy Wääg isch ganz und gaar häilig!
Wo isch e GOTT, wo so gwaltig isch wie duu?

15 Duu eläi bisch dr GOTT, wo sottigi Wunder macht!
Unter de Völgger hesch duu dy Macht bewiise.

16 Mid staargger Hand hesch duu dy Volgg befreit,
d Noochkomme vom Jakob und vom Josef.»

Sela.

17 D Wasser hän dy gsee, GOTT!
Gsee händ dy d Wasser und hän beebt!
Jo wiirgglig, d Fluete vo den Uurzyte hän vor Schregge beebt!

18 D Wasser hän sich us de Wolggen usgleert.
Donnerschleeg hän im Gwölgg gracht.
Joo wiirgglig, dyni Blitz sin wie Pfyyl füre gschosse.

19 Dy Donnerstimm isch über e Himmel grollt.
Grälli Blitz hän dr Äärdgräis häll gmacht.
Gschwanggt und gwanggt het doo d Äärde.

20 Dur s Schilffmeer het dy Wääg gfiert
und dyni Pfääd dur gwaltigi Wasser.
Aber niemrts het dyni Spuure gsee.

21 Wien e Häärde hesch Duu dy Volgg gfiert –
dur d Hand vom Mose und vom Aaron.

78

1 E Bsalm vo dr Wyyshäit. Mid em Asaf verbunde.

Loos, my Volgg, uf myni Wyysig!
Diend öiri Oore spitze! Yych ha öich öppis zum saage!

2 Ych will my Muul ufmachen und s spruudle loo.
Räätselhafti Sache vo friener will y verzelle. –

3 Mr hän drvoo ghöört, s isch uns bekannt.
Scho unseri Eltere hän s uns verzellt.

4 Mr dien s nid ghäim halte vor unsere Kinder.
Mr verzelle drvoo dr näggschde Generazyoon:
vom HEER sym Ruum und synere Macht,
vo syne Wunder, won er gmacht het.

5 Er het im Jakob syni Voorschrifte bekannt gmacht
und syni Wyysig het er Israel übergää.
Unsere Väddere het er ufdräit gha,
as sy die an iri Kinder wytergää sölle.

6 So leert die näggschti Generazyoon sy kenne,
wo wider Kinder drin geboore wäärde.
Die sölle sy denn au an iri Kinder wyyter gää,

7 damit au die Verdraue fasse zum GOTT.
Esoo dien sy nid vergässe, was er gmacht ghahet
und syni Gebott wäärde sy befolge.

8 Sy sölle nämmlig nid wie iri Eltere wäärde –
e störrischi Genrazyoon, wo nid folge duet.
Ir Häärz isch nid bständig bim GOTT bliiben
und ire Gäischt isch em nid dröi bliibe.

9 Esoo, wie d Männer us Efraim –
sy sin usbildeti Boogeschütze gsii.
Wo s zur Schlacht koo isch, hän sy d Fingge glopft.

10 Sy hän sich nid an Bund mid em GOTT ghalten
und hän nid welle synere Wyysig folge.

11 Syni Daate hän sy wider vergässen
und au syni Wunder, won er sy het lo see loo.

12 Wunder het er au gmacht bi iren Altvorderen
im Land Egypten, im Gebiet vo Zoan.

13 Äär het s Meer halbiert und het sy duure gfiert.
Er het s Wasser ufgstaut wien e Damm.

14 Am Daag het er ene dr Wääg dur e Wolgge zäigt
und z Nacht dur dr Schyyn vomene Füür.

15 Underwäggs in dr Wieschti het er Felsen usenander gschlaage.
Do hän sy drno dringge könne, mee als gnueg.

16 Er het Bächli us de Stäigwäggi lo uuse koo
und sy wie Wasserfäll lo aabe fliess loo.

17 Drotzdäm hn sy wyter gmacht mid irere Sünd.
Sy hän sich gege dr Höggschti ufgläänt im düüre Land.

18 In irem Häärz hän sy dr GOTT uuse gfoordered.
Sy hän nach Ässe verlangt für ire Maage.

19 Sy hän gege dr GOTT greeded
und fräch gsäit: «Ka dr GOTT uns überhaupt
dr Disch deggen in däre kaarge Wieschti?

20 Glaar, won er syyner Zyt gegen e Felse gschlage gha het,
isch Wasser uuse koo
und Bäch sin aabe gflosse.
Aber wie stoot s mid Broot? Kann er uns daas gää?
Oder kann er für Fläisch soorge für sy Volgg?

21 Wo dr HEER das ghöört gha het, isch er verruggt woorde.
Er het Füür lo wiete gegen e Jakob und sy Döibi isch uf Israel koo.

22 Sy hän nämmlig im GOTT nid glaubt
und nid uf syni Hilf verdraut.

23 Doo het er Befääl gää, de Wolgge, wo doobe sin,
und het d Schlöise vom Himmel ufgmacht.

24 Manna zum Ässe het er für sy räägne loo.
S Koorn vom Himmel het er enen usdäilt.

25 Vom Broot vo den Ängel hän sy dörfen ässe.
Er het ene mee we gnueg gä, as es enen an nüt gfäält het.

26 Drno het er am Himmel dr Oschtwind lo uffrüsche loo
und het dr Süüdwind mid Macht lo koo.

27 Wie Staubköörner het er Fläisch lo uf sy räägne loo
und Gflüügel wie Sandköörner am Meer.

28 Er het s zmits in sy Laager lo falle loo
und zringelum um syni Woonzält umme.

29 Doo hän sy gässen und sin drvoo ganz satt woorde.
Was sy verlangt gha hän, daas het er ene gää.

30   Aber iri Gyyr isch nooni gstillt gsii.
Drbyy hän sy nid emoll ufgässe gha.

31   Doo isch d Döibi vom GOTT wider ufgflammt geege sy.
Er het vyli vo ire greftigschte Männer dööted
und die jungen Israeliten umgläit.

32   Drotz allem hän sy wyter gmacht mid irere Sünd.
Sy hän nid an syni Wunder glaubt.

33   Do het er iri Dääg wie im Wind verwäie loo
und iri Joor im Schregge vergoo.

34   Wenn er sy aber dööted gha het, drno hän sy wider nach em gfrogt.
Sy sin umkeert und hän dr GOTT gsuecht.

35   Sy hän dra dänggt, as ire GOTT ire Felsen isch.
Dr GOTT, dr Högschti, wurdi sy scho rette.

36   Aber denn hän sy en mid irem Muul bedroogen
und en wyter belooge mid irere Zunge.

37   Ir Häärz isch nid beständig bi iim bliibe,
sy hän sym Bund nid d Dröi'i ghalte.

38   Aber äär isch barmhäärzig!
Äär duet Schuld vergää! An Vernichtig isch iim nid glääge.
So het er vyyli Mool sy Döibi lo verrauchen
und d Gluet nümmi lo uffglimme.

39   Er het dra dänggt, as d Mensche stäärbe mien –
wien e Wind, wo verwäit und nümme zrugg kunnt.

40   Wie mängisch hän sy sich in dr Wieschti geegen en ufgläänt gha?
Wie mängisch hän sy en in dr Steppe beläidigt gha?

41   Ständig han sy dr GOTT uusegfoordered gha
und dr Häiligi vo Israel druurig gmacht.

42   Sy hän nümmen an sy staarggi Hand dänggt –
nümmen an dää Daag, won er sy vom Find befreit gha het.

43   S isch in Egypte gsii, won er syni Zäiche gsetzt gha het –
won er syni Wunder gmacht gha het im Gebiet vo Zoan.

44 Er het s Nilwasser in Bluet verwandled,
und iri Bäch. Sy hän nümme druss könne dringge.

45 Er het ene Stächmugge gschiggt, wo sy gstoche hän.
Und Frösch, won ene Verdeerbe brocht hän.

46 Er het iri Äärnti em Ungeziifer übergä
und dr Erdraag vo ireren Aarbeit de Höigumper.

47 Er het iri Wyyrääbe dur e Haagel vernichted
und iri Muulbeerfyygeböim dur Wolggebrüch.

48 Er het iri ganze Vyyhäärde im Haagel überloo
und ire Bsitz an Dier de Süüche.

49 Er het ene d Gluet vo synere Döibi entgeege gschiggt:
Wuet, Eerger und Bedrängnis,
e Schaar vo Unhäilsboote.

50 Er het synere Döibi freie Lauf gloo.
Sogaar vor em Dood het er sy nid bewaart.
Vielmee het er ir Lääbe dr Büülephescht überloo.

51 Alli wo als Eerschti geboore sin in Egypte, het er lo stäärbe loo,
die eerschtgeborene Kinder in de Zält vom Ham.

52 Aber sy Volgg het er wie Schooff lo uffbräche.
Er het sy wien e Häärde dur d Wieschti dryybe.

53 Er het sy sicher gläited, sy hän nüt zum fürchte gha.
Aber iri Find het s Meer zuedeggt.

54 Esoo het er sy ins Gebiet vo sym Häiligdum brocht –
zum Bäärg, won er sich zum Äigedum erwoorbe het.

55 Er het vor iine d Völgger us em Land verdriiben
und het s mid dr Mässschnuer als Erbbsitz verdäilt.
Esoo het er d Stämm vo Israel in ire Zält lo woone loo.

56 Wiider hän sy en uuse gfoordered und sich im GOTT widersetzt.
Syni Voorschrifte hän sy nid beachted.

57 Sy hän en dröiloos verloo, wie iri Eltere.
Sy hän versäit wien e Booge, wo z schlaff gspannt gsii isch.

58 Sy hän en mid ire häilige Hööchene geergered
und hän en mid ire Götzebilder gräizt.

59 Wo dr GOTT das ghöört gha het, isch er verruggt woorden
und het Israel ganz und gaar verwoorfe.

60 Er het sy Woonig in Silo gruumt –
sy Zält, won er ufgschlaage gha het unter de Mensche.

61 Er het sy Macht de Find überloo
und het sy ganzi Heerligkäit in iri Händ gää.

62 Er het sy Volgg im Schwärt usgliifered.
So verruggt isch er über sy Erbbsitz gsii.

63 Syni junge Männer het e Füür vernichted.
Und für d Mäitli in sym Volgg het me käi äinzigs Brutlied me gsun.

64 Syni Brieschder sin umkoo dur s Schwäärt
Zletscht het de Witfraue sogar d Graft gfäält zum hüüle.

65 Doo isch dr GOTT wie us em Schloof verwacht –
wien e Griegsheld us em Suff.

66 Er het syni Find in d Flucht gschlaagen
und Schand über die brocht, wo bliiben isch.

67 Er het s Zält vo de Noochkomme vom Josef verwoorfen
und dr Stamm Efraim het er nid gwäält.

68 Er het dr Stamm Juda gwäält,
dr Bäärg Zion, won er gäärn het.

69 Döört het er sy Häiligdum baut – hooch, wie im Himmel
und fescht wie d Äärde het er s für alli Zyt gründed.

70 Döört het er sy Gnächt, dr David gwäält.
ewägg ghoolt het er en vo dr Schooffwäid.

71 Vo de Mueterschooff het er en ewägg gnoo,
as er sy Volgg Jakob wäide duet –
nämmlig Israel, wo sy Erbbsitz isch.

72 Er het sy mid eerligem Häärze gwäided
und het sy mid em Gschigg vo syne Händ regiert.

79

1 E Bsalm, mid em Asaf verbunde.

GOTT, Völgger sin in dy Erbland yydrunge.
Sy hän dy häilige Dämpel verwieschded.
Sy hän Jerusalem in Drümmer gleggt.

2 D Lyyche vo dyne Gnächt hän sy
de Vöögel unter em Himmel zum frässe gää
und s Fläisch vo dyne Fromme de wilde Dier uf em Fäld überloo.

3 Sy hän dänen ir Bluet in Strööme vergosse –
zringelum in Jerusalem. Und s het käine die Doote begraabe.

4 Miir sin zum Gspött für unseri Noochber woorde.
Rundumme wärde mr usglacht und beschimpft.

5 Wie lang, HEER, soll daas no goo?
Willsch duu uns denn für immer böös syy?
Söll dy Yyfer no wyter brenne wien e Füür, wo alles uffrisst?

6 Rycht doch dy Döibi gege die Völgger,
wo dy nid wän anerkenne!
Due dy gege die Königryych wände,
wo dy Naame nid aarieffe dien!

7 Sii hän nämmlig dr Jakob ufgriiben
und sy Wäid hän sy abgmäit.

8 Due uns d Schuld vo den Altvoordere nid aarächne!
Lo uns bald dy Erbaarmen erlääbe!
Mir sin nämmlig schwach woorde.

9 Stand uns byy, GOTT, duu kasch uns befreie!
S goot doch au um d Eer vo dym Naame.
Rett uns und duen ys unseri Sünde bedegge.
Doo drfüür stoosch du doch mit dym Naamen yy.

10 Sunscht könnte d Völgger saage:
   «Wo isch er denn jetz, ire GOTT?»
   Due de Völgger voor unseren Auge bekannt gä,
   as duu s vergossene Bluet vo dyne Gnächt bestrooffe duesch.

11 S Stööne vo de Gfangene söll dy erräiche.
   Die, wo zum Dood verurdäilt sin, griege s Läben us dynere Macht.

12 Lo unseri Noochbere siibefach drfüür zaalen,
   as sy dii eso schweer belädigt gha hän, GOTT!

13 Mir aber sin dy Volgg
   und d Schooff vo dynere Wäid.
   Doo drfüür wämmer diir allewyyl dangge.
   Vo äinere Generazyoon zur andere wämmer vo dym Ruum verzelle

80

1 Für e Choorläiter. Nach dr Lyylie-Melodyy.
   E Züügnis, mid em Asaf verbunde. E Bsalm.

2 Duu, Hirt vo Israel, heb en offes Oor!
   Duu duesch dr Josef wäide wien e Häärde.
   Du droonsch doch über de Cherubime.

3 Due an dr Spitzen erschyyne vo de Stämm
   Efraim, Benjamin und Manasse.
   Due d Graft wegge, wo du hesch, und kumm ys go hälffe!

4 GOTT, lon ys wider häi keere! Due vor uns lüüchte!
   Drno isch uns scho gholffe.

5 HEER, GOTT vo de himmlische Heerschaare:
   Wie lang no duet dy Döibi glimme gege das Volgg, wo bätte duet?

6   Drääne sin s Broot, wo duun ene zum ässe gisch.
      Voller Drääne sin dyni Doongrieg, wo du iine zum dringge gisch.

7   Duu losch uns zum Zanggöpfel wäärde für unseri Noochbere.
      Und unseri Find dien über ys spotte.

8   GOTT vo de Heerschaare, lon ys wider häi keere!
      Due vor uns lüüchte! Drno isch uns scho gholffe.

9   E Wyystogg us Egypte hesch duu ussgraabe.
      Fremdi Völgger hesch duu verdriiben und en doo yyne pflanzt.

10   Duu hesch em wyte Ruum gää.
      Do het er könne Wuurzle schloo
      und sich ussbräiten im Land.

11   Sy Schatte duet d Bäärge bedeggen
      und vo syne Zwyyg d Zeedere vom GOTT.

12   Syni Rangge länge bis zum Mittelmeer
      und bis zum Stroom Eufrat syni Driib.

13   Worum hesch duu syni Muuren yygrysse?
      Worum döörfen alli von em pflügge,wo uf em Wääg vrbyy kömme?

14   D Wildsau us em Wald duet en abfrässe.
      D Höigumper uf em Fäld frässen en kaal.

15   GOTT vo de himmlische Heerschaare, kumm zrugg!
      Lueg vom Himmel aaben und lueg aane!
      Due dy doch um dä Wyystogg kümmere!

16   Due erhalte, was duu mid dr äigene Hand pflanzt gha hesch –
      dr Soon, wo duu für dii staargg gmacht hesch!

17   Due die zur Verantwoortig zie, won en wie Mischt verbrennt hän!
      Vor dynen Auge sölle sy umkoo.

18   Halt dy Hand über dr König an dynere Syte –
      über dää Mensch, wo duu staargg gmacht hesch!

19   Miir wän nid vo diir abfalle.
      Bhalt ys am Lääbe! Doo drfüür bryyse mr dy Namme.

20   HEER, GOTT vo de himmlische Heerschaare, mach ys wider ganz
      Due vor uns lüüchte!Drno isch uns scho gholffe.

81

1   Für e Choorläiter. Zum Spiilen uf dr Gyttyt.
      Mid em Asaf verbunde.

2   Juubled im GOTT zue, äär isch unseri Steerggi!
      Löönd dr GOTT vom Jakob hooch lääbe!

3   Länged in d Säiten und haued uf d Phaugge!
      Löönd d Handhaarfen und d Standhaarfe schöön erglinge!

4   Wenn Nöimond isch, drno blooset ins Hoorn vom Widder!
      Wenn Vollmond isch, drno fyyre mr unser Fescht.

5   Daas het er nämmlig bschlosse für Israel:
      e Gsetz, vom GOTT vom Jakob erloo –

6   e Voorschrift, wo für s Volgg vom Josef bestimmt woorden isch,
      won er gege s mächtigen Egypten uszoogen isch.
      In ere Sprooch, won y nid kenne due, höör ych:

7   «Yych ha Israel d Lascht vo de Schultere gnoo
      und dr Draagkoorb us de Händ.

8 Wo duu in dynere Noot grueffe hesch, han y dr gholffe.
Ych ha dr Antwoort us de Gwitterwolgge gää.
An de Wassergwelle vo Meriba[12] han y dy uf d Broob gstellt gha.

Sela.

9 Loos, my Volgg, ych muess dy waarne!
Israel, willsch duu denn nid uf my loose?

10 S soll bi diir käi andere GOTT syy!
Du söllsch dy vor käim fremde GOTT vernäige.

11 Yych bi dr HEER, dy GOTT!
Ych ha dy us em Land Egypten uuse gfiert.
Machs Muul wyt uf, as ych dr zum ässe gää kaa.

12 Aber my Volgg het nid wellen uf my loose.
Und Israel het sich gwäigered, miir z folge.

13 Doo han y sy ire schauderhafte Gedanggen überloo.
Sölle sy doch iren äigene Blään folge!

14 Herjee, wenn my Volgg doch nummen uf my loose dääti
und Israel uf myne Wääg lauffe wuurdi!

15 Wie bald wuurd yych iri Find aabe machen
und my gegen iri Unterdrugger wände.

16 Die, wo dr HEER hasse dien, die miesste sich iim ergää.
Drno wär iri Zyt für immer uss und vrbyy.

17 Aber sy Volgg wurd äär mid beschtem Koorn ernääre:
«Mid Hoonig us em Felse wuurd ych dy satt mache.»

---

[12] Meriba bedütted: Stryt, Gekäär

82

1   E Bsalm, mid em Asaf verbunde.

    Dr GOTT stoot in dr göttlige Versammlig.
    Vor iim mien sich d Götter verantwoorte.

2   «Wie lang wänd er no verkeert uurtäilen
    und esoo d Üübeldääter begünschtige?

    Sela.

3   Diend Rächt schaffe für die Gringen und d Wäise,
    den Aarmen und dääne, wo s nötig hän, schaffed Grächtigkäit!

4   Befreied dr Gringi und dr Weerloosi,
    us dr Gwalt vo den Unterdrugger dient sy ewägg rysse!»

5   Die zäigen aber weder Yysicht no Verstand,
    im Dunggle dappe sy umenand,
    ins Wangge groote d Grundfeschte vo dr Äärde.

6   Ych ha gsäit: «Götter sind er,
    vom Höögschte stammed er alli ab!

7   Aaber: wie Mensche miend er stäärbe,
    joo, wie irgend e Fürscht wärded er untergoo!

8   Stand uf, GOTT, due dy Rächt duure setzen in dr Wält!
    Joo, du söllsch d Heerschaft übernää über alli Völgger!

83

1   E Bsalm, mid em Asaf verbunde.

2   GOTT, zie dy nid zrugg, ooni öppis gmacht z ha!
    Due nid schwyygen und blyb nid still, GOTT!

3   Lueg doch, wie dyni Find döibele dien –
    und wie hooch sy dr Kopf heebe, wenn sy dy mid Hass verfolge!

4   Sy blaanen Aaschleeg gege dy Volgg
    und verschwööre sich gegen alli, wo unter dym Schutz stöön.

5   Sy saage: «Kömmed, mr dien sy ussrotte!
    Drno wird sich niemerts me an dr Naamen Israel erinnere!»

6   Joo, sy hän sich gege dii verbünded
    und dien dr äistimmig dr Grieg ergläare:

7   D Zält vo Edom und den Ismaeliter,
    vo Moab und de Hagarener.

8   S Gebirge Seïr, Ammon und Amalek
    und d Philister samt de Bewooner vo Tyrus.

9   Sogaar d Assyrer hän sich iinen aagschlosse,
    sie göön de Noochkomme vom Lot go hälffe.
    Sela.

10 Due sy aabemääie, wie syynerzyt d Midianiter,
    wie Sisera, wie Jabin am Bach Kischon!

11 Vernichted sin sy woorde bi En-Dor,
    sy sin Mischt woorde für uf s Fäld.

12 Due iri Fürschde behandle wie dr Oreb und dr Seeb,
alli iri Aafierer wie dr Sebach und dr Zalmunna!

13 Die hän gsäit: «Lon ys das Gebiet eroobere,
wo dr GOTT iine zum Woone gää het!»

14 My GOTT, due sy im Gräis umme wiirble,
wie Straubüschel im Wind.

15 Due sy zerstööre, wie Füür, wo Wälder verbrenne duet,
wien e Flamme, wo Bäärge versängt.

16 Jag sy esoo usenand mid dym Wiirbelwind,
due sy dur dy Stuurm in Schregge versetze!

17 Mach sy güggelroot im Gsicht!
HEER, nach dym Naame sölle sy frooge!

18 Enttüscht und voll Angscht mien sy drvoo,
für immer mit Schimpf und Schand sölle sy untergoo.

19 Drno wäärde sy see: Dy Name isch HEER.
Duu eläi bisch dr Högschti uf Äärde.

84

1 Für e Choorläiter. Zum spiilen uf dr Gytytt.
Mid de Korachite verbunde. E Bsalm.

2 Wie lieb sin miir dyni Woonige,
du HEER vo de himmlische Heerschaare.

3 Y ha soo Langyzyt gha, en äinzige Wunsch brennt in mynere Seel.
Ych möchti so gäärn in syne Hööf syy, wo um sy Dämpel umme s
S isch mr waarm um s Häärz vor Fröid uf s Fescht.
Ych bring myni Bitt vor dr lebändigi HEER.

4   Au d Spatze hän e Häimed gfunden
        und d Schwalbe finden e Näscht, wo sy bruuche könne.
        Döört hän sy iri Junge sicher unterbrocht.

        E sottige Schutz bieten au dyni Altäär,
        du HEER vo de himmlische Heerschaare,
        my König und my GOTT.

5   Üüberglügglig sin die, wo in dym Huus woone dien.
        Die sölle dy duurend loobe.

        Sela.

6   Üüberglügglig sin die Mensche, wo iri Steerggi us diir hoole dien.
        Sy dien dy bryysen ooni Ändi.

7   Und wen sy dur s Daal vo de Drääne mien,
        drno mache sy sich uff zur Gwelle.
        Voll Sääge duet drnoo dr Frierääge dr Däich fülle.

8   Esoo wandre sy mid ere Graft, wo allewyyl gröösser wiird,
        bis ene dr GOTT uf em Zion erschyyne duet.

9   Duu HEER, GOTT vo de himmlische Heerschaare:
        Loos doch uf my inständigi Bitt!
        Heb en offen Oor, GOTT vo Israel!

        Sela.

10   Due dr Gsalbti bewaaren und lueg uf en, GOTT,
        äär isch unsere Schild!

11   Äi Daag in de Hööf vor dym Dämpel verbringen
        isch mee wäärt, als dausig Dääg, won y sälber usgwäält hätti.

        Im Huus vo mym GOTT uf dr Düürschwelle hoggen
        isch besser, as im Zält vo de Bööse woone.

12   Joo wiirgglig, dr HEER isch Sunnen und Schild.
        Gnaad und Eer duet uns dr GOTT verleie.
        Dr HEER duet käim s Glügg verweere,
        won e voorbildligs Lääbe fiere duet.

13   Du HEER vo de himmlische Heerschaare:
        Wie glügglig sin doch die Mensche, wo sich ganz uf dii verdraue dien.

85

1   Für e Choorläiter. Mid de Korachite verbunde.
     E Bsalm.

2   HEER, du hesch dy Land wider gäärn bekoo
     und hesch s Schiggsaal vom Jakob zum Guete gwänded.

3   Du hesch dym Volgg d Schuld vergää
     und alli Sünde hesch em ewägg gno.
     Sela.

4   Du hesch dy ganzi Döibi zrugg gno
     und dy Äärger, wo wien e Gluet gsii isch, verrauche loo.

5   GOTT, duu bisch unseri Hilf, mach ys wider ganz!
     Und syg nümme lenger verruggt uf ys!

6   Willsch du denn für immer suur syy uf ys?
     Söll dy Döibi vo äinere Generazyoon zur andere heebe?

7   Willsch duu uns nid e nöis Lääbe schänggen,
     as sich s Volgg wider über dy fröie kaa?

8   HEER, lon ys doch dy Gnaad see!
     Mr bruuche dy Hilf, gib sy uns!

9   Ych wott hööre, was dr GOTT drzue saage duet.
     Dr HEER reeded vom Friide,
     wo zu sym Volgg und zu syne Fromme koo duet.
     Aber sy sölle nümme zrugg zu irem Mischt vo friener!

10   Joo wiirgglig, sy Hilf isch nooch bi dääne, won en vereere dien.
     Und esoo wird sy Heerligkäit wider in unserem Land woone:

11   D Gieti und d Woored finden enander.
     D Grächtigkäit und dr Friide gän sich e Schmutz.

12   D Woored waggst us dr Äärden uuse,
     d Grächtigkäit schyynt vom Himmel obenaabe.

13 Au duet ys dr HEER vyl Guets schänggen
und unser Land git sy Erdraag drzue.

14 D Grächtigkäit wandered vor sym Gsicht
und syni Schritt bestimmen unsere Wääg.

86

1 E Gebätt, mid em David verbunde.

HEER, heb en offen Oor, gib mr en Antwoort.
Ych bi nämmlig aarm und weerloos.

2 Due my Lääbe bewaare, ych bi dr doch dröi!
Hilff dym Gnächt, du bisch jo my GOTT!
Ych due my ganz uf dii verloo.

3 Heb Erbaarme mid mr, my GOTT!
Ych rief nämmlig dr ganzi Daag zu diir.

4 Gib dym Gnächt wider e Häärz, wo fröölig isch!
My ganzi Langyzyt duet doch diir gälte, my GOTT.

5 Duu, GOTT, bisch nämmlig guet und baraat zum vergää.
Dy Gieti duet alli erräiche, wo zue dr rieffe dien.

6 Drum loos uf my Bittgebätt, HEER
und meergg druff, as ych um Gnaad bättle due!

7 In mynere Noot duen y zue dr rieffe!
Duu duesch mr nämmlig en Antwoort gää.

8 Käinen isch wie duu, my GOTT, unter de Götter.
Käi andere ka mache, was duu mache duesch.

9 S kömmen alli Völgger, wo duu gschaffe hesch.
Sy dien voor dr aabegnöilen
und gän drmit dym Naame d Eer.

10 Joo, grooss bisch duu und duesch Wunder mache.
Duu eläi bisch dr äinzigaartigi GOTT!

11 Due my, HEER, dy Wääg leere! Ych will in dynere Woored
lääbe.
Los mym Häärz wichtig syy, as yych dy Naamen eere due.

12 HEER, my GOTT, diir will y vo Häärze Danggschön saagen
und dym Naame für immer d Eer gää.

13 Dy Gieti isch nämmlig gröösser als my Lääbe.
Du wirsch my ganz unden us em Dooteryych uffe zie,

14 GOTT, frächi Lüt sin gege my ufgstande.
Beräit zur Gwalt wän sy mr an s Lääbige.
Aber dii löön sy linggs ligge.

15 GOTT, du bisch my baarmäärzigen und gnäädige GEBIETER
geduldig ooni Änd, voller Gieti und Dröi'i.

16 Dräi dy zu miir und heb Erbaarme mit mr!
Lo dy Gnächt us dynere Graft schöpfen
und due dr Soon vo dynere Magd rette.

17 Due mr zäige, as duu s guet mid mr mäinsch!
Alli, wo my hasse, sölle s see und enttüscht abhaue.
Duu eläi, HEER, hesch mr gholffen und my drööschded!

87

1 Mid de Korachite verbunde. E Bsalm, e Lied.

D Stadt won er gründed het, liggt uf de häilige Bäärge:
2 Dr HEER liebt die grosse Door vo Zion mee,
als alli Woonige vom Jakob.

3 Eerevolls wird greeded in diir,
du Stadt, wo mid unserem GEBIETER verbunden bisch.
Sela.

4 Egypten und Babylonie duen y zu dääne zelle, wo my kenne dien.
Lueged gnau: au Philistää und Tyrus, zämme mid Nubie.
Vo jedem kann y saage: «Dää isch döört geboore woorde!»[13]

5 Joo wiirgglig, me wiird in Zion saage:
«Maa für Maa isch in iire geboore woorde.
Und dr Högschdi sälber duet ire Bestand sichere».

6 Dr HEER wiird ufzelle, wenn er d Völgger ufschryybe duet:
«Dää isch döört geboore woorde!»

Sela

7 Und sy singen und danzen im Gräis und bekenne:
«Alli myni Gwelle hän iren Uursprung in diir.»

---

[13] Dasch äin vo de schwiirigschde Bsalme. Länder wäärde wie Phersoone behandled. Villicht
söll s äifach numme häissen, as alli und alles under em Yyflussberyych vom HEER isch.

88

1   E Lied, e Bsalm. Mid de Korachiter verbunde.
Für e Choorläiter, zum danzen im Gräis.
E Lied vo dr Wyyshäit.
Mid em Heman verbunde, em Esrachiter.

2   HEER, GEBIETER, du kasch my rette!
Am Daag duen y um Hilf schreie, au in dr Nacht vor diir:

3   «Ach, loss doch my Gebätt zu diir dringe!
Heb en offes Oor für my Glaag!»

4   Ych ha s nämmlig satt, so erbäärmlig z lyyde.
Ych füül my em Dooteryych ganz nooch.

5   Me duet my scho zu dääne zelle, wo in d Grueben aabe mien.
Ych bi emoll staargg gsii, jetz bin y e graftloose Maa.

6   Ych ha my Bett scho bi de Doote,
esoo wie die, wo kabut gschlaagen im Graab liige dien.
An die dänggt me nümme!
Sy sin jo dynere Macht entzooge!

7   Du hesch my in d Gruebe, z underscht unde versetzt,
an finschderi Oort, in diefschti Abgründ.

8   Dy Döibi isch über my koo,
wie gwaltigi Wälle äim unter s Wasser drugge dien.

     Sela

9   Die, wo miir verdraut gsii sin, hesch duu vo mr ewägg gnoo.
Du hesch iinen e Grund gää, as sy sich vor miir eggle dien.
Ych by gfangen und kumm nid drus uuse.

10   Myni Auge wän das ganzen Eeländ nümme gsee.
Jeede Daag duen y zue dr rieffe, HEER.
Ych due myni Händ bim bätte zu diir usbräite.

11 Duesch duu no Wunder an dääne, wo gstoorbe sin?
   Oder d Schatte vo de Dooten – stöön sy uf und bryyse dy?

   Sela

12 Duet me sich im Graab vo dynere Gnaad verzelle,
   im Abgrund vo dynere Dröi'i?

13 Sin am finschderen Oort dyni Wunder bekannt?
   Und kennt me dy Grächtigkäit no im Land, wo alles vergässen isch?

14 Yych aber, due zu diir um Hilf rieffe, HEER.
   Jeede Moorge schigg ych nöi my Gebätt zu diir.

15 Worum duesch du mii vo diir fuurt stosse, HEER?
   Worum duesch duu dy Gsicht vor mr verstegge?

16 Ych füül my eeländ und stäärbensgrangg, scho sit y gläi gsii bi.
   Ych ha dyni Zuemuetige verdraage – starr vor Entsetze.

17 Dy Döibi, wo glieie duet wie Füür, isch über mii ewägg gange.
   Dy Schregge het mr d Sprooch verschlaage.

18 Y ha Schiss, als stünd mr s Wasser bis zum Hals.
   Vo alle Syte ströömt s uf my yy.

19 Du hesch mr d Fründ und Nochberen ewägg gnoo.
   Alli, won y gha ha, sin fuurt – miir blybt nuur e dunggels Loch.

89

1 E Wäggselgsang.
 Mid em Etan verbunde, em Esrachiter.

2 Du duesch uns dy Gieti bewyyse, HEER.
 Vo Generazyoon zu Generazyoon will y dy Dröi'i bryyse.

3 Joo wiirgglig, ych ha gsäit: «Dy Gieti isch uf Duur baut.
 Im Himmel isch dy Droi'i en abgmachti Sach.»

4 Ych han e Bund gschlosse mid mym Erwäälte.
 Ych due mym Gnächt David e Schwuur läischte:

5 Für alli Zyte will ych diir Noochkomme schängge.
 Ych sichere dyne Kinder dr Droon vo Generazyoon zu Generazyoo
 Sela.

6 D Himmel dien dy Wundermacht bryyse, HEER.
 Au dy Dröi'i wiird globt in dr Versammlig vo de Häilige.

7 Joo wiirgglig: Wäär über de Wolgge glyycht im HEER?
 Oder isch dr HEER mid himmlische Wääse verglyychbaar?

8 Dr GOTT eläi wird vereert im Gräis vo dr häilige Schaar.
 Grooss und gwaltig stoot er über allne Wääse, wo iin umgää dien.

9 HEER, GEBIETER vo de Heerschaare, wär isch wie duu?
 Staargg bisch duu, GOTT, und dy Dröi'i duet dy umgää.

10 Du kasch s Meer, wo stüürmt, bändigen
 und duesch syni Wälle, wo schüüme dien, berueige.

11 Du hesch dr Rahab vermalmt wien e dootgschlages Dier.
 Dyni Find hesch duu mid eme Schlaag usenander gjagt.

12 Dir ghöört dr Himmel, dir ghöört au d Äärde.
 Dr Äärdgräis und was en fülle duet, hesch duu gründed.

13 Noorden und Süüde hesch duu gmacht.
Dr Tabor und dr Hermon juublen über dy Naame.

14 Du hesch en Aarm voll gwaltiger Graft.
Staargg isch dy Hand, ballt isch dy Fuscht.

15 Grächtigkäit und s Rächt sin d Stütze vo dym Droon.
Gieti und Dröi'i göön diir voruss.

16 Glügglig das Volgg, wo Grund zum Juuble het!
HEER, im Liecht vo dym Gsicht göön sy fröölig dur s Lääbe.

17 Sy juublen über dy Naame dr ganzi Daag,
und dy Grächtigkäit löön sy hoochlääbe.

18 Duu bisch nämmlig ire Stolz, gisch ene Graft.
Nach dymWille duet unseri Macht waggse wien e Hoorn.

19 Joo wiirgglig, im HEER ghöört unsere Schild,
im Häilige vo Israel, unserem König.

20 Sällmoll hesch du inere Vision greeded gha.
Zu de Fromme hesch du gsäit:
Ych ha im Held d Groonen ufgsetzt,
däm muetige Maa s Volgg understellt.

21 S isch my Gnächt, dr David, won y gfunde ha.
Mid häiligem Ööl han ych en zum König gsalbt.

22 Joo, my Hand wird en fescht heeben
und my Aarm wird em Graft schängge.

23 Käi Find wird s woogen, iin aazgryyfen
und käi Verbrächer kann en bezwinge.

24 Ych wird syni Geegner vor em vernichten
und alli zämme schloo, won en hasse dien.

25 My Dröi'i und my Gieti wärde mit em syy
und dur my Naame waggst sy Macht wien e Hoorn.

26 Ych wird sy Heerschaft uf s Meer usdeenen
und die grosse Strööm synere Gwalt understelle.

27 Äär wird zuemer saage: «Duu bisch my Bappe!
Du bisch my GOTT, my Felsen und my Rettig!»

28 Joo, ych mach en zu mym erschtgeboorene Soon,
zum Höggschte unter de Heerscher vo dr Wält.

29 Für immer will ych iim my Gieti bewaaren
und my Bund mid iim blybt ooni «wenn» und «aber» bestoo.

30 Ych will sy Königshuus uf Duur erhalten
und sy Droon, solang s dr Himmel git.

31 Syne Buebe duen y ins Gwüsse reede –
für e Fall, as sy myni Wyysig verloo dien
und nid nach dr Oornig vo myne Rächt lääbe.

32 Wenn sy myni Gsetz usser Graft setzen
und myni Gebott nid halte dien,

33 drno duen y iri Verfäälige mid em Stägge bestroofe.
Dur Schleeg mien sy iri Schuld spüüre.

34 Aber my Gieti wird y iim nid ewägg nää.
Yych halt em d Dröi'i und doo drbyy blybt s.

35 Ych wird my Bund mid em nid bräche,
d Zuesaag vo myne Lippe duen y nid ändere.

36 Äins han y hooch und häilig gschwoore:
Ych due dr David sicher gaar nie aaliege.

37 Sy Königshuus söll allewyl bestoo
und sy Droon, solang as d Sunne schyyne duet.

38 Für immer söll er fescht stoo wie dr Moond –
ein wo zueverlässig Züügnis git in de Wolgge.

Sela

39 Drotzdäm hesch duu en verwoorfen und verstoosse.
So verruggt het dy Gsalbte dy gmacht.

40 Duu hesch dr Bund mid dym Gnächt widerrueffe,
sy Groone voll Verachtig uf e Boode gschmisse.

41 D Muure, wo um sy Stadt umme sin, hesch duu zämmegschlaage,
syni Aalaage zur Vertäidigung in Drümmer gleggt.

42 Alli, wo vrbyy koo sin, hän en usblündered.
Er isch zum Gspött vo syne Noochbere woorde.

43 Duu hesch syni Geegner über en syyge loo.
Doo hän sich alli syni Find fröie döörfe.

44 Joo, du hesch mym Schwäärt d Scheerfi gnoo.
Doo het er d Niiderlaag nid verhindere könne.

45 Was für en Änd hesch duu sym Glanz beräited!
Sy Droon hesch duu an Boode bängled.

46 Duu hesch d Zyt vo synere Juugend verküürzt
und en mid Schand zuedeggt.

Sela

47 Wie lang, HEER, söll daas no goo?
Söll die Döibi no wyter brenne wien e Füür, wo alles uffrisst?

48 Dängg doch draa, wie kuurz my Lääben isch!
Hesch du d Mensche denn für nüt gschaffe?

49 Git s öppen äine, wo lääbe duet und nid stiirbt –
wo sich rette ka us em Ryych vo de Doote?

Sela

50 Wo sin d Bewyys vo dynere Gieti vo friener, my GEBIETER?
Hesch duu sy nid em David zuegsäit, dröi wie de bisch.

51 Dängg doch, my GEBIETER, an d Schmaach vo dyne Gnächt!
Yych ha sy vo vyle Völgger verdraage miesse.

52 Dyni Find, HEER, hän dii doo drmit verhöönt.
Sy hän d Spuure vo dym Gsalbte verhöönt.

53 Briise syg dr HEER alli Zyt!
Aamen! Und noonemoll: Aamen!

Däilbuech 4

Bsalm 90   E Bsalm, wo mid em Moses verbunden isch

Bsalm 91 - 100   Bsalmen ooni Nääme vo Phersoone

Bsalm 101, 103   Bsalme, wo mi dem David verbunde sin

Bsalm 104 - 106 Bsalmen ooni Nääme vo Phersoone

Bsalm 101, 103   D Loobbryysig vom HEER

**Briise syg dr HEER,
dr GOTT vo Israel,
vom Aafang aa bis in alli Zuekunft.
Doo drzue söll s ganze Volgg «Aamen» saage!**

Halleluja – Diend dr HEER bryyse!

Bsalm 106,48

90

1   E Bittgebätt.
Mid em Moses verbunde, däm Gottesmaa.

My GEBIETER, du bisch für uns e Verstegg gsii
vo äinere Generazyoon zur andere.

2   D Bäärge sin nooni geboore gsii,
die ganzi Wält het Schmäärze zur Gebuurt gha.
Do bisch duu GOTT scho gsii, vo Aafang aa bis in alli Zuekunft.

3   Du duesch d Mensche zrugg fieren in Staub.
Anderi duesch du in s Lääbe rieffen
und säisch: «Kömmed uf d Wält, ir Menschekinder!»

4   Dausig Joor vergöön vor dynen Auge
so schnäll, as wäär s geschder gsii.
Sy göön vrbyy, als wäär s e Nachtwach.

5   Du duesch d Mensche wie us em Schloof uuserysse.
Sy sin doch nüt wyter as Gras, wo am Moorgen aafoot waggse.

6   Am Moorge bliet s und waggst s hooch,
z Oobe wird s gschnitten und duet verwelgge.

7   Joo, wo dy Döibi brennt gha het, hämmer dr Muet verloore.
Wo sy wyter gliet gha her, isch s Verschregge koo.

8   Du hesch dr unseri Verfäälige vor Auge gstellt
und unseri ghäimschte Fääler an s Liecht brocht.

9   Joo, unseri Lääbenszyt isch dur dy Döibi gschwunde.
Miir hän unseri Joor verbrocht wien e Süüfzger.

10   Unser Lääbe duurt ungfoor sibzig Joor
oder, wemmer bi Gräfte sin, au achtzig.
Im Ganzen isch s aber nummen Aarbet und vergääbligi Liebesmie.
Joo, schnäll goot s vrbyy, wie im Flug.

11 Wäär wäiss scho, wie heftig dy Döibi brenne duet?
Und wäär ka noochvollzie, wie verruggt du syy kasch?

12 Lon ys begryffe, wie vyl Zyt mr zum Lääbe hän –
as mr gscheit wäärden und s vernümftig gstalte dien.

13 HEER, due dy wider zuen ys keere! Wie lang willsch no warte?
Heb Mitläid mid dym Gnächt!

14 Schängg ys doch scho am Moorge dr ganzi Ryychdum vo dr Gnaac
Drno wämmer juublen und ys fröien an allne Dääg vo unserem Lää

15 Lon ys soo vyl Dääg fröölig syy, wie duu uns aabe druggt gha hesc
Due uns soo vyl gueti Joor schängge, wie mr Unglügg gsee hän.

16 Zäig dy Macht an dyne Gnächt
und an iire Kinder dy Heerligkäit!

17 Esoo söll sich an uns zäige, wie fründlig dr HEER isch, unsere GO'
Lo s Wäärgg vo unsere Händ glinge!
Joo, s Wäärgg vo unsere Händ, due s glinge loo!

91

1 Wär unter em Schiirm vom Höggschte woone duet
und wär im Schatte vom Allmächtigen übernachted –

2 dää säit wien yych über e HEER:
«My Zueflucht isch er und my Buurg, my GOTT, diir will y verdra

3 Joo wiirgglig, er duet my us em Netz vom Voogelfänger rette.
vor de Stachel, wo s Verdeerbe bringe duet.

4 Er duet syni Flüügel usbräiten über diir.
Under syne Flüügel duesch duu Schutz finde.
Wien e Schild schützt dy syni Dröi'i,
wien e Schutzmuure duet sy dy umgää.

5 Du muesch käi Angscht me haa,
nid vo de Gfoore, wo in dr Nacht umme sin –
au nid vo de Pfyyl, wo am Daag umme fliege dien.

6 Au nid vo dr Pescht, wo sich häimlig ussbräited
und au nid vo de Süüche, wo offe wiete dien.

7 Au wenn s Dausig nimmt, wo linggs vo dr sin
oder Zäädausig an dynere rächte Syte:
Dii wird käi Unglügg verwütsche.

8 Im Geegedäil: Du wirsch mid äigenen Auge gsee
und erlääbe, wie d Üübeldääter bestrooft wärde.

9 Joo, wiirgglig, du säisch wien yych: «Dr HEER isch my Schutz!»
Bim Höggschte hesch du e Verstegg gfunde.

10 Käi Unhäil wird über dy yynebrächen
und käi Schiggsaalsschlaag wird dy Zält dräffe.

11 Joo wiirgglig, äär wird nämmlig synen Ängel befääle,
as sy dy schütze dien überaal, wo duu aane goosch.

12 Uf bäide Händ sölle sy dy draage,
as dy Fuess sich nid amene Stäi stoosse duet.

13 Über Löien und Koobras wirsch du lauffe,
verdrampe wirsch duu jungi Löien und Giftschlange.

14 Well er my so gäärn het und an mr hänge duet, will ych en rette.
Ych duen en schütze, well er my Naame kennt.

15 Wenn er mr rieffe duet, gib ych em en Antwort.
Ych bi für en doo, wenn em Gfoor droot.
Ych duen en uuse rysse und lueg, as er wider zu Aasee kunnt.

16 Ych wiird em e langs Lääbe schängge.
My Häil duen en lo see loo.

92

1   E Lied, E Bsalm. Für d Fyyr am Sabbat.

2   S isch schöön, im HEER danggen
und dy Naame, Höögschde, bryyse.

3   Gäärn duen ych am Moorge dy Gieti verkünden
und verzell in dr Nacht vo dynere Dröi'i –

4   zum Glang vo dr Standhaarfe mid zää Säite,
zum rütmische Spiil vo dr Handhaarfe.

5   Joo, was duu machsch, HEER, het my fröölig gmacht.
Ych will juublen über daas, wo duu mid dyne Händ mache duesch.

6   Wie groossartig sin doch dyni Daate, HEER.
Was duu blaane duesch, hed e dieffe Sinn.

7   E Duubel isch, wär daas nid erliggt.
Und wäär sy Verstand nid bruuche duet, wird nüt drvoo begryffe.

8   Wenn die Gottloose wie Graas us em Booden uuse schiesse dien,
drno sölle sy numme bliie, die Üübeldääter!
Am Ändi blieit ene, as sy drotzdäm kabooris göön!

9   Duu aber droonsch in dr Hööchi, HEER, für alli Zyte!

10   S isch glaar, s sin jo dyni Find, HEER!
und sicher isch, dyni Find goon dr Bach ab.
Die Gottloose verströie sich in alli Windrichtige.

11   Duu aber hesch my staargg gmacht wien e Stier.
Früsches Salbööl hesch über my gleert.

12   Myni Auge hän uf myni Verlöimder aabe gluegt.
Und die Bööse, wo geege my sin – vo dääne hööre myni Oore.

13 Abder dr Grächti wird spriesse wien e Palme.
    Wien e Zeederen im Libanon wird er grooss wärde.

14 Die wo yypflanzt sin bim Huus vom HEER,
    wärden in de Hööf vo unserem GOTT waggse.

15 Sogaar im hochen Alter dien sy Frücht draage.
    Voll vo Saft und Graft wärde sy syy

16 und saage: «Dr HEER isch graadlinig!
    Er isch my Felse, bi iim git s käi Unrächt.

93

1 Dr HEER duet als König herrsche. Er het sy hoochi Stellig aadrätte.

   Dr HEER duet sy Allmacht draage,
   wie men e Gläid aazie duet.
   D Graft het er sich wien e Güürtel umme bunde.

   Dr Äärdgräis het er fescht gründed – äär duet nid wangge.

2 Sid allewyyl isch dy Droon fescht gründed.
   Sid frieschder Zyt duesch duu als König herrsche.

3 Zu sälere Zyt, HEER, hän d Wasserströöm braust,
   d Wasserströöm hän braust mid Getööse,
   Wällen um Wälle mid oorebedäubendem Läärme.

4 Gwaltig isch das Getööse vo de Wasserfluete.
   Mächtiger no sin d Brächer vom Meer,
   am mächtigschden aber isch dr HEER in dr Hööchi.

5   Dyni Voorschrifte hän sich als verläässlig erwiise.
    dy Huus isch schön, woller Häiligkäit,
    HEER, für alli Zyte.

94

1   HEER, du GOTT, wo abrächne duet,
    du GOTT vo dr Vergältig, due erschyyne!

2   Stand doch uff, du Richter vo dr Wält!
    Lo iri Daaten uf die Hoochmietige zrugg gheie.

3   Wie lang no, HEER, döörfe d Üübeldääter –
    wie lang döörfe d Üübeldääter driumfiere?

4   Sy laaveren und schwinge frächi Reede.
    Sy dien Schuum schloo, alli die Frääfler.

5   Sy dramplen uf em Volgg umme, HEER,
    und dien dy Äigedum aabe drugge.

6   Sy dien d Witfrauen und die Fremde dööten
    und ermoorde d Wäisekinder.

7   Sy hän gsäit: «Dr HEER seet s nid!
    Dr GOTT vom Jakob duet s nid meergge!»

8   Meergged öich daas, ir Deppen im Volgg!
    Händ er denn käi Verstand! Wenn kömmed er denn zur Vernunft?

9   Äär, wo de Menschen Oore gää het: Sotti är sälber nid loose könne
    Äär, wo d Auge gmacht het: Sotti är sälber nüt see?

10 Äär, wo die fremde Völgger beleert: Sotti är denn nid stroofe könne
    Äär, wo de Mensche s Verständnis leere duet! –

11 Dr HEER kennt d Blään vo de Mensche.
Är wäiss, as sich die in Luft uflööse dien.

12 Glügglig z bryysen isch dr Mensch, wo duu, GOTT, erzieesch –
dää, wo us dynere Wyysig leere duet.

13 Esoo gisch du iim Glassehäit in schweere Zyte,
bis men im Üübeldääter s Graab gschuufled het.

14 Dr HEER loot sy Volgg sicher nid im Stich.
Sy Äigedum duet er käim anderen überloo.

15 Joo wiirgglig, zur Grächtigkäit keert s Rächt zrugg.
Hinder iim stöön alli, wo ufrichtig sin.

16 Wäär läischted mr Byystand gege die Bööse?
Wär duet my gege d Üübeldääter vertäidige?

17 Wär mr dr HEER nit zur Hilff koo,
ych wäär woorlig in dr Dootestilli versungge.

18 Wenn y dänngt ha: «My Fuess verliert dr Halt!»
Denn het dy Gieti, HEER, my gstützt.

19 Wo my vyl Soorgen innerlig bedruggt gha hän,
het dy Drooscht my wider froo gmacht.

20 Duu hesch jo nid Gmäinschaft mid em Richterstuel vom Bööse,
wo s Gsetz missbruucht und Unhäil gschafft wird.

21 Gege die Grächte dien sy sich zämme rotten
und Unschuldigi wän sy schuldig spräche.

22 Aber dr HEER isch my Schutzburg
und my GOTT isch dr Felse vo mynere Zueflucht.

23 Iri Verbräche söllen uf sy zrugg falle.
Dur iri äygeni Booshäit wird er sy vernichte,
joo, er wiird sy vernichte, dr HEER, unsere GOTT.

95

1   Loos, mr wän im HEER zuejuuble!
Löönd dr Felse vo unserer Rettig hooch lääbe!

2   Mr wän mid Dangge vor sy Gsicht koo!
Mid Singe wämmer en hooch lääbe loo!

3   E groosse GOTT isch nämmlig dr HEER
und e groosse König über alli Götter.

4   In synere Hand sin die dieffschten Örter vo dr Äärde –
und d Gipfel vo de Bäärge sin sy Bsitz.

5   Iim ghöört s Meer – är sälber het s gmacht –
und s Land – syni Händ hän s gfoormt.

6   Kömmed, mr falle vor em aaben und bätte!
Löönd ys vor em HEER aabe gnöile, vor unserem Schöpfer.

7   Äär isch nämmlig unsere GOTT
und miir sin sy Volgg, won er uf d Wäid fiere duet –
d Schooff, wo in synere Hand sin.

8   Und hüt, wemmer uf sy Stimm loose dien
drno simmer nid eso staarsinnig wie in Meriba,
wie in Massa, wo mr in dr Wieschti gsii sin.

9   Syynerzyt sin öiri Altvoordere geege my gsii.
Sy hän my uf d Broob gstellt, drbyy hän sy myni Daate jo kennt.

10   Vierzig Joor lang het s mr gruust vor däre Generazyoon.
Ych ha gsäit: «Sy sin e Volgg, wo im Häärze verkoo isch
und myni Wääg hän sy nid verstande.

11   Wäge däm han y in mynere Döibi gschwoore:
«Nie solle sy zum Oort koo, won y rueie due!»

96

1   Singed em HEER en nöis Lied!
    Singed em HEER, alli Länder vo dr ganze Wält!

2   Singed em HEER, diend sy Naame bryyse!
    Diend vo synere Hilf vo Daag zu Daag reede!

3   Verzelled de Völgger vo synere Heerligkäit,
    allne Nazyoone vo syne Wunderdaate!

4   Joo, grooss isch dr HEER
    und über alles zum loobe.

5   Me muess mee Angscht vor em haa, wie vo allne Götter.
    Dr HEER aber het dr Himmel gmacht.

6   Schöönhäit und Bracht göön von em us.
    Macht und Glanz dien sy Häiligdum erfülle.

7   Gänd em HEER d Eer, ir Völggerschaare!
    Gänd sy em HEER und diend sy Macht anerkenne!

8   Gänd em HEER die Eer, wo sym Naame zuestoot.
    Bringed Opfergaaben und kömmed in sy Häiligdum!

9   Diend öich vor em HEER verböigen in synere häilige Bracht!
    Zittered, wenn er en see diend, ir Länder vo dr Äärde!

10 Saaged de Völgger: «Dr HEER duet als König herrsche!»
    D Äärden isch fescht veranggered, as sy nid wangge duet.
    Äär richted d Nazyoone nach Rächt und Oornig.

11 Dr Himmel söll sich fröien und d Äärde juuchzge.
    S Meer soll brausen und alles, was in em lääbe duet.

12 S Fäld söll fröölig syy mid syne Frücht.
    Drno brächen alli Böim im Wald in Juubel us –

13   vor em Gsicht vom HEER, wenn er kunnt.
Er kunnt nämmlig zum Gricht halten uf dr Äärde.
Über en Äärdgräis wird er e grächts Uurtäil fellen
und d Nazyoone noch synere Woored richte.

97

1   Dr HEER herrscht als König.
Juubel soll s Feschtland erfülle.
Die vyylen Insle sölle sich fröie.

2   Dichti und dunggli Wolgge dien en umgää.
Grächtigkäit und Rächt sin d Stütze, wo sy Droon druff stoot.

3   Füür, wo alles uffrisst, brennt vor em
und duet syni Find zringelum in Brand stegge.

4   Syni Blitz dien dr Äärdgräis häll mache.
D Äärde het s gsee und duet beebe.

5   D Bäärge dien verschmelze wie Waggs
vor em HEER sym Gsicht,
vor em Herrscher über die ganzi Wält.

6   D Himmel dien vo synere Grächtigkäit verzellen
und alli Völgger bewundere sy Heerligkäit.

7   Alli, wo Götzebilder aabätte dien, göön dr Bach ab –
sy schmügge sich mid Götter, wo käi Wiirggig hän.
Vor em GOTT dien nämmlig alli Götter d Gnöi biege.

8   D Stadt Zion höört s und duet sich fröie.
D Döchtere vo Juda brächen in Juubel us.
Duu, HEER hesch ene zum Rächt verholffe.

9   Duu, HEER, dr Högschti, duesch über die ganzi Wält herrsche.
Duu stoosch hooch über alle Götter.

10   Iir, won er dr HEER gäärn ha diend, hassed s Bööse!
     Äär schützt s Lääbe vo syne Fromme.
     Us dr Gwalt vo den Üübeldääter duet er sy uuse rysse.

11   E Liecht lüüchted uff über de Grächte.
     Fröid duet d Häärze vo de Ufrichtigen erfülle.

12   Diend öich fröie, ir Grächte, über e HEER
     und bryysed sy häilige Name.

98

1   E Bsalm.

     Singed em HEER e nöis Lied,
     er het nämmlig Wunderdaate vollbrocht.
     Sy staarggi Hand het sy uuse gfiert,
     zämme mid sym häiligen Aarm.

2   Dr HEER het sy Hilf bekannt gmacht gha.
     Voor den Auge vo de Völgger het er sy Grächtigkäit offe glegt.

3   Er het an sy Gieti und Woored dänggt, won er im Huus Israel gää het.
     Menschen us alle Däil vo dr Äärde hän d Hilf vo unserem GOTT gsee.

4   Diend dr HEER bryyse – alli Länder vo dr Äärde.
     Bräched in Juubel us, sind fröölig und diend musiziere!

5   Musiziered für e HEERmid dr Handhaarfe,
     mid dr Handhaarfen und mid de Bloosinstrumänt!

6   Mid Trumpeeten und em Schall vom Widderhoorn
     diend dr HEER als König bryyse!

7   S Meer söll brause mid allem, wo in em lääbe duet!
     Dr Äärdgräis söll juuble mid syne Bewooner!

8 D Flüss söllen in d Händ glatschen
und d Bäärge sölle juublen im Choor –

9 vor em Gsicht vom HEER, wenn er kunnt.
Drno wiird er Gricht halten uf dr Äärde.
Über dr Äärdgräis wird er e grächts Uurtäil fellen
und d Nazyoone nach Rächt und Oornig richte.

99

1 Dr HEER herrscht als König! – D Völgger grooten in s Wangge.
Äär duet über de Cheruube droone! – d Äärde duet wangge.

2 Grooss isch dr HEER uf em Zion.
Hooch duet er über alle Völgger stoo.

3 Drum sölle sy dy Naame bryyse. Me bewundered en
und het Angscht voor em! Häilig isch er!

4 Dr König duet sy Macht entfalte.
Sy gründet in synere Liebi zum Rächt.
Joo, du hesch Rächt und Oornig feschtgleggt.
Du loosch im Land vom Jakob Rächt und Grächtigkäit herrsche.

5 Löönd dr HEER hochlääbe – unsere GOTT!
Verböiged öich vor sym Fuessscheemel!
Häilig isch er!

6 Dr Moses und dr Aaron sin syni Brieschder gsii.
Und dr Samuel isch äine gsii, wo im Gebätt sy Naame rieffe duet.
Immer wiider rieffe sy zum HEER, und sy hän allewyyl
Antwoort griegt.

7   Us dr Wolggesüüle het er mid ene greeded.
Esoo hän sy syni Voorschriften yyghalte
und d Oornig, won er feschtgsetzt gha het.

8   HEER, unsere GOTT, duu hesch enen Antwoort gää.
Duu bisch e GOTT, wo Schuld vergää kaa und will.
Aber für s Unrächt, wo sy gmacht hän, duesch dy rääche.

9   Löönd dr HEER hoochlääbe – unsere GOTT!
Verböiged öich vor sym häilige Bäärg!
Joo wiirgglig, häilig isch dr HEER, unsere GOTT!

100

1   E Bsalm. Für e Fyyr mid Danggopfer.

Diend dr HEER begriesse,
alli Länder vo dr Wält!

2   Diend fröölig öire Dienscht für dr HEER!
Kömmed voll Juubel in sy Häiligdum!

3   Verstöönd doch: Dr HEER eläi isch dr GOTT!
Äär het ys gschaffen und mr ghöören iim.
Miir sin sy Volgg und syni Schooff, won aör uf sy Wäid fiere duet.

4   Kömmed dur syni Düüren yyne mid eme Danggopfer!
Kömmed in syni Voorhööf mid eme Loobgsang!
Dangged iim drfüür, diend sy Naame bryyse!

5   Dr HEER isch guet! Für immer blybt sy Gieti –
und sy Dröi'i vo Generazoon zu Generazyoon!

101

1   Mid em David verbunde. E Bsalm.

      Vo dr Gnaad und vom Rächt will y singe!
      Für dii, HEER, duen y musiziere!

2   Ych will e voorbildlige Wääg goo.
      Wenn kunsch duu zue mr?

      Ych will my in mym Huus esoo glaubwürdig beweege,
      wie s in mym eerlige Häärz drin stoo duet.

3   Ych nimm nüt in Bligg,
      wo Verdeerbe mid sich bringe könnti.
      Ych due s hasse, wenn d Gebott nid yyghalte wärde.
      Doo drmit will ych nüd z tue ha.

4   Verkeerti Gedanggen im Häärz loon y nid zue.
      Bööses kunnt mr gar nid erscht in Sinn.

5   Wäär sy Fründ im Stille verlöimde duet,
      dää bring ych zum Schwyyge.
      Äin, wo stolz umme luegt und hoochnääsig drhäär kunnt,
      dä kann y wiirgglig nid verdraage.

6   Myni Auge sueche die Dröien im Land.
      Sy sölle bi miir woone.
      Wär e vorbildlige Wääg yyschloo duet,
      dä will y in my Dienscht stelle.

7   Wäär aber bedriegerisch handle duet,
      dää duld y nid in mym Huus.
      Und wäär sich uf s Liege verleggt,
      dä döörf mr nid unter d Auge koo.

8   Alli Üübeldääter, wo s im Land no het,
     bring y jeede Moorge nöi zum Schwyyge.
     Esoo söllen alli Frääfler entfäärnt wäärde –
     us dr Stadt, wo im HEER ghööre duet.

102

1   E Gebätt für en Aarme, wenn er verzwyyfled isch
     und im HEER sy Häärz usschütte duet.

2   HEER, loos doch uf my Gebätt!
     My Schrei nach Hilf söll dy erräiche!

3   Due dy Gsicht nid verstegge voor mr,
     wenn y in Schwiirygkäite bii.
     Heb doch en offen Oor für my!
     Wenn y rieff, due mr grad en Antwoort gä!

4   My Lääbenszyt lööst sich nämmlig uff in Rauch.
     Myni Gliider dien brenne wie Füür.

5   Ych füül my kabut, matt wie düürs Graas.
     Y mag nid emoll me öppis ässe.

6   D Stimm duet mr versaage vor luter Stööne.
     Numme no Hut gläbt an myne Gnoche.

7   Ych füül my wien en Öile in dr Wieschti.
     Ych glyych emen e Stäikutz in Ruyyne.

8   Y find käi Schloof und due glaage
     wien en äinsame Spatz uf em Dach.

9   Dr ganzi Daag dien my myni Find verhööne.
     Bim Flueche sage sy my Naamen
     und mache my esoo zur Sau.

10   Was y ässe due, schmeggt nach droggenem Staub.
     Was y dringg, isch mid myne Drääne vermischt.

11   Dy Döibi, wo glieie duet, macht mr richtig Schiss.
     Du lüpfsch my uf und gheisch my wider an Booden aabe.

12   My Lääben isch numme non e lange Schatte.
     Joo, ych füül my matt wie düürs Graas.

13   Duu aber, HEER, duesch für immer uf em Droon sitze.
     Dy Naame blybt vo Generazyoon zu Generazyoon.

14   Du wirsch uffstoo und für Zion yydrätte.
     S isch nämmlig Zyt drzue – joo, dr rächti Zytphunggt isch koo.

15   Dyni Gnächt hän d Muure vo Zion gäärn.
     Dass sy in Drümmer liige dien, daas duet mr wee.

16   Aber kümftig reede d Nazyoone vom HEER mid Eerfuurcht.
     Und alli König vo dr Wält sin vo dynere Heerligkäit be'yydruggt.

17   Dr HEER het nämmlig Zion wider ufbaut
     und sich döört in synere Heerligkäit zäigt.

18   Er het s Gebätt vo dr Stadt ghöört, wo verloo woorden isch.
     Ir Bittgebätt het er nid gring gschetzt.

19   Esoo söll me s ufschryybe für die Spöötere,
     as e nöi gschaffts Volgg dr HEER loobe duet.

20   Vo synere häilige Hööchi luegt dr HEER obenaabe,
     vom Himmel duet er uf d Äärden aabe luege.

21   Esoo kan er s Stööne vo de Gfangene loose,
     und die rette, wo dr Dood erwarte dien.

22   Drno wäärde sy in dr Stadt Zion dr Naame vom HEER verkünde.
     Und in Jerusalem singe sy zu sym Loob.

23   Völgger und Königryych wäärde koo
     und zämmen im HEER diene.

24   Zmits uf mym Lääbenswääg het er mr d Graft gnoo.
     Er het d Zyt vo mym Lääbe verküürzt.

25 Ych ha gsäit: «GOTT, lo my nid lo stäärben in dr Mitti vom Lääbe!»
    Dyni Zyt duet d Generazyoonen überduure.

26 Duu hesch vor Zyte d Äärde gründed,
    dr Himmel isch s Wäärgg vo dyne Händ.

27 Irgend amene Daag wäärde sy vergoo, duu aber blybsch bestoo.
    Alles, wo gschaffen isch duet verfalle, wien e Gläid.
    Duu duesch sy wäggsle wien e Hemmli. Esoo dien sy vergoo.

28 Duu aber blybsch immer dr Glyychi,
    dyy Zyt höört nie uf.

29 Los jetz d Kinder vo dyne Gnächt im Land woone.
    Und iri Noochkomme sölle vor diir Bestand ha.

103

1 Mid em David verbunde.

   Due dr HEER loobe, my Seel!
   Und alles in miir soll bryyse sy häilige Naame!

2 Due dr HEER loobe, my Seel.
   Und due s Guete nid vergässe, won äär für dii gmacht gha het!

3 Er duet dr alli dyni Verfäälige vergää.
   Er häilt alli dyni Granggede.

4 Er fiert dy Lääben us dr Nööchi vom Dood.
   Er schmüggt dy mid ere Groonen us Gieti und Barmhäärzigkäit.

5 Er duet dy mid Guetem versoorge dy ganzes Lääbe lang.
   Esoo kasch duu dy jung füüle wien en Aadler.

6   Dr HEER duet für Grächtigkäit yydrätte.
      Allne, wo underdruggt sin, duet er zu irem Rächt verhälffe.

7   Im Moses het er syni Wääg mitdäilt
      und den Israelite syni Wunderdaate.

8   Ryych an Barmhäärzigkäit und Gnaad isch dr HEER,
      geduldig ooni Änd und voller Gieti.

9   Er het nid allewyyl Lämpe mid uns.
      Er isch immer wiider zur Versöönig beräit.

10   Er duet uns nid stroofe, wie mr s verdiene dääte.
      Und daas, wo mr falsch gmacht gha hän, das zaalt er ys nid häim.

11   Hooch wie dr Himmel über dr Äärden isch –
      esoo hooch isch sy Gnaad über dääne, won em eerfürchtig
                                        begegne dien.

12   Fäärn, wie dr Oschde vom Weschden isch –
      soo fäärn schiebt er unseri Üübeldaate von ys ewägg.

13   Barmhäärzig wien e Bappe mid de Kinder –
      so gnäädig isch dr HEER mid dääne, won em mid Eerfuurcht
                                        begegne dien.

14   Äar wäiss nämmlig, was für Gschöpf mr sin.
      Äär duet draa dängge, as mr nummen us Staub sin.

15   Dr Mensch isch so vergänglig wie s Graas.
      Er vrbliet wien e Bluemen uf em Fäld.

16   Wenn dr Wind über sy ewägg fäggt, isch sy kabooris.
      Döört, wo sy gstanden isch, blybt käi Spuur von eren üübrig.

17   Aber im HEER syni Gieti bestoot syt Uurzyte.
      Für immer blybt sy bi dääne, won en vereere dien –
      und sy Grächtigkäit by alle ire Kinder.

18   Aber sy söllen an sym Bund feschthalten
      und an syni Wyysige dänggen und sich draa halte.

19 Dr HEER het im Himmel sy Droon ufgstellt.
    Als König herrscht er über die ganzi Wält.

20 Diend dr HEER loobe, ir dienschtbaaren Ängel –
    ir staargge Helde, wo sy Woort usfiere diend
    und syni Befääl entgeege nämmed!

21 Diend dr HEER looben ir himmlische Heerschaare –
    ir dröie Diener, won er sy Wille mache diend!

22 Diend dr HEER loobe – ir alli, won äär erschaffe het.
    An allnen Oort im Gebiet vo synere Heerschaft!

    Due dr HEER loobe, my Seel!

104

1   Due dr HEER loobe, my Seel!

    HEER, my GOTT, wie grooss bisch duu!
    Brächtig und schöön bisch duu aagläid.

2   Du duesch dy ins Liecht yyhülle wie in e Mantel.
    Duu spansch dr Himmel uf wien e Zältdach.

3   Im Ozean vom Himmel duesch duu die Balgge setze,
    wo dr erschti Stogg vo dym Balascht draage dien.
    Duu machsch d Wolgge zu dym Faarzüüg.
    D Flüügel vom Wind dien dy überaal aane draage.

4   Duu machsch d Stüürm zu dyne Briefdrääger.
    Füür und Flamme nimmsch du in Dienscht.

5   Äär het d Äärden uf iri Pfyyler gsetzt.
    Sy wiird gaar nie waggle – zu käinere Zyt.

6 D Fluete vo dr Uurzyt dien sy zuedegge wie ne Gläid.
D Wassermasse sin hooch über de Bäärgge gstande.

7 Aber dy Dränge het sy zum abhaue zwunge.
Vor dym Donnerwätter isch sy drvoo gloffe.

8 Sy sin d Bäärgen uffen und d Tääler aabe gströömt –
bis zu däm Oort, wo duun ene bestimmt gha hesch.

9 Duu hesch enen e Gränze gsetzt, wo sy nid drüber üübere döörfe.
Nie mee dörffe sy zrugg koo und d Äärde zuedegge.

10 Früsches Gwellwasser schiggsch duu in d Dääler.
In Bäch fliesst s zwüsche de Bäärgen aabe.

11 Alli Dier uf em freie Fäld dringge druss,
au d Wildesel lösche döört ire Duurscht.

12 D Vöögel vom Himmel baue Näschder über iine,
us de Zwyyg uuse dien sy ir Lieder trällere.

13 Us de Wolggen um e Balascht losch duu Räägen uf d Bäärgen
aabe brasslen,
an dyne Frücht ka sich d Äärde satt ässe.

14 Für s Vii losch du saftigs Graas waggsen
und Koorn für en Aggerbau vo de Mensche.
So wiird s Broot us dr Äärden uuse brocht

15 und Wyy, wo s Häärz vom Mensch erfröie duet.
Esoo wird Salbööl für e Gsicht beräited, as es straale duet
und Broot zum ässe, wo s Häärz vom Mensch steergge duet.

16 D Böim vom HEER griege Wasser gnueg,
d Zedere vom Libanon, won er yypflanzt gha het.

17 Joo, döört in ire Zwyygli dien d Vöögel nischte.
Dr Stoorch isch uf de Zyprässe dehäi.

18 Im hooche Gebiirge het dr Stäibogg sy Revier.
Dr Klippschliefer versteggt sich in de Felse.

19 Dr Mond hesch duu für d Feschtzyte gmacht.
D Suune wäiss, wenn sy undergoo söll.

20 Schiggsch duu d Finschdernis, drno wiird s Nacht.
Denn reege sich alli Dier in de Wälder.

21 Die junge Löie brieele nach Böiti.
Öppis zum Frässe wän sy vom GOTT.

22 Wenn d Sunnen uffgoot, drno zieen sy sich zrugg
und dien sich ussrueien in ire Verstegg.

23 Jetz macht sich dr Mensch ans Wärgg
und macht sy Aarbed bis zum Oobe.

24 Wie vyyl vo dyne Wäärgg git s überhaubt, HEER.
Voll Wyyshäit hesch duu sy alli gmacht.
D Äärden isch voll vo dyne Sache.

25 Doo isch s Meer, so grooss und so unermässlig wyt.
Döört wimmled s vo Lääbewääse ooni Zaal –
vo gläinen und groosse Meeresdier.

26 Döört zien Schiff iri Baan –
au dr Leviatan, wo duu gmacht gha hesch,
as duu mid em e Spiil dryybe kasch.

27 Mensch und Dier halte nach diir Usschau.
Duu gisch ene z Ässe zum richtige Zytphunggt.

28 Duu ströisch sy uss, sii sammlen uff.
Duu machsch d Hand uf, sy ässe sich satt an dyne guete Goobe.

29 Dräisch dy von enen ewägg, drno verschregge sy.
Nimmsch duun ene dr Lääbensschnuuf ewägg,
drno stäärbe sy und wäärde wider zu Staub.

30 Schiggsch duu dy Schnuuf uuse, drno lääbe sy.
Esoo machsch duu s Gsicht vo dr Äärde nöi.

31 D Heerligkäit vom HEER söll für immer blyybe.
Dr HEER söll sich über syni Gschöpf fröie.

32 Äi Bligg vo iim gniegt, as d Äärde beebe duet –
en einzigi Berierig längt, as d Bäärge rauche.

33 Yych will dr HEER loobe my ganzes Lääbe lang!
Mym GOTT will y singe, solang s my git!

34 My Loobgsang söll em Fröid beräite.
Joo, ych fröi my über e HEER.

35 Möge d Sünder doch vom Äärdboode verschwinde.
Käi äinzigen Üübeldääter soll s me gää.
Due dr HEER loobe, my Seel! –

Halleluja – Diend dr HEER bryyse!

105

1 Diend em HEER Danggschöön saagen und sy Naamen usrieffe!
Verzelled vo syne Daaten unter de Völgger!

2 Singed für iin, diend füür en musiziere!
Reeded über alli syni Wunder, won er gmacht het!

3 Sind stolz uf sy häilige Naame!
Vo Häärze sölle sich alli fröie, wo dr HEER sueche dien!

4 Frooged nach em HEER und synere Macht!
Kömmed vor sy Gsicht zu jeedere Zyt!

5 Dängged an syni Wunder, won er gmacht gha het,
an syni Zäichen und syni Uurtäilssprüch –

6 ir Noochkomme vom Abraham, sym Gnächt,
ir Söön vom Jakob, won äär userwäält gha het!

7 Äär eläi isch unsere HEER, unsere GOTT!
Syni Wyysige gälten im ganze Land.

8   Äär duet sich für immer an sy Bund halte.
Dausig Generazyoone het er sy Woort gää.

9   Dää Bund het er mi dem Abraham gschlossen
und gegenüüber em Isaak dur en Äid begreftigt.

10   Für e Jakob het er en als Verhäissig feschtgsetzt
und für Israel zum duurhafte Bund ergläärt:

11   «Diir will ych s Land Kanaan gää.
Als öiren Erbbsitz söll s öich ghööre.»

12   Daamaals isch s nummen e gläini Schaar gsii,
e Handvoll Lüt und Fremdi im Land.

13   Sy sin vo äim Staat zum näggschde zooge,
vo äim Königryych zumenen andere Volgg.

14   Aber er het s nid zuegloo, as me sy unterdrugge duet.
Zu irem Schutz het er sogaar d Könige gwaarnt:

15   «Diend öich nid an myne Gsalbte vergryffe!
Und diend myne Brofeete käi Gwalt aa!»

16   Drno het er e Hungersnoot lo koo loo.
Er het jeede Staab verbroche, wo no e Ring Broot druf gläägen isch.

17   Voruss gschiggt voor ene het er e Maa,
als Sklaav isch dr Joseph verkauft woorde.

18   In Fessle hän sy syni Fiess zwunge,
ins Yyse isch sy Hals koo,

19   bis döört aane, wo sy Woort koo isch
und d Reed vom HEER iim Rächt gää het.

20   Drno het er sy König aane gschiggt und en frei gloo –
dr Herrscher über d Völgger het en loos gmacht.

21   Er het en zum HEER über sy Huus gmacht,
zum Herrscher über alli syni Gieter,

22   as er syni Füürschte underwyyse duet nach sym Wille
und synen Elteschde d Wyyshäit leert.

23 Drno isch Israel nach Egypte koo
und dr Jakob het als Fremden im Land vom Ham gläbt.

24 Und dr HEER het sy Volgg seer grooss lo wäärde.
Er het s mächtiger gmacht als syni Unterdrugger.

25 Er het iri Yystellig verändered, sy hän aagfange, sy Volgg hassen
und hinterruggsig düüsche.

26 Drum het er dr Moses gschiggt, sy Gnächt
und dr Aaron, won er drzue userwäält gha het.

27 Sy hän byynene die Zäiche gmacht, won er aakündigt gha het
und hän Wunder vollbrocht im Land vom Ham.

28 Er het e Finschdernis gschiggt, stoggfinschder isch es woorde.
Aber d Egypter hän nid uf sy Woort gloost.

29 Er het iri Gwässer in Bluet verwandled
und het d Fisch, wo drin gsii sin, stäärbe loo.

30 Denn het s vo Frösch gwimmled in irem Land,
sogaar in de Zimmer vom Balascht vom König.

31 Uf sy Woort hii isch s Ungeziifer koo,
d Stächmugge sin überaal im ganz Land.

32 Er het dr Räägen als Haagel lo aabe koo,
Blitz und Füür hän s ganze Land versaut.

33 Er het iri Wyystögg und d Fyygeböim verschlaagen
und d Böim verschmättered in irem Gebiet.

34 Uf sy Befääl sin d Wanderhöischregge gfloogen
und groche koo in riisige Schaare.

35 Alles, wo grien gsii isch im Land hän sy kaal gfrässen
und d Frücht vo den Ägger grad au no.

36 Alli Buebe, wo zeerscht geboore sin im Land, het er stäärbe loo,
die Eerschtgeboorene – ire ganze Stolz.

37 Er het sy drno uusegfiert, belaade mid Gold und Silber.
Und käinen unter de Stämm vo Israel het no zwyyfled.

38   Aber d Egypter sin froo gsii, as sy gange sin.
Sy hän nämmlig vor enen Angscht bekoo.

39   E Wolgge het sich gformt und über em Volgg ussbräited –
und e Füürschyyn, won ene glüüchted het in dr Nacht.

40   Sy hän öppis zum ässe bätte – doo het er ene Wachtle gschiggt
und mid Himmelsbroot het er ire Hunger gstillt.

41   Er het e Felsen ufgmacht, drno isch Wasser uuse gspruudled.
S isch zumene Bach woorden in dr Wieschti.

42   Er het sich nämmlig an s Woort erinnered,
won er sym Gnächt, em Abraham gää gha het.

43   Er het sy Volgg voll Fröid in d Freihäit gfiert –
underem Juubel vo synen Userwäälte.

44   Er het ene Länder gää vo fremde Völgger.
Esoo hän sy däänen iri Sache können in Bsitz nää.

45   Wäge däm sölle sy nach syne Wyysige lääben
und syni Gebott halte. –

Halleluja – Diend dr HEER bryyse!

106

1   Halleluja – Diend dr HEER bryyse!

Dangged em HEER! Äär isch nämmlig fründlig.
Joo, für immer duet sy Gnaad bestoo.

2   Wäär ka das in Woort fasse, wo dr HEER gmacht gha het?
Wäär kan en esoo loobe, wie äär s verdiene duet!

3   Glügglig isch, wäär sich an s Rächt halted,
    wäär zu jeedere Zyt für d Grächtigkäit yydrätte duet.

4   Dängg doch au an mii, HEER! Mach s us Liebi zu dym Volgg!
    Due zue mr luege! Duu kasch mr hälffe!

5   Lo my s Glügg vo däänen erfaare, wo duu erwäält hesch!
    Lo my däilha an dr Fröid vo dym Volgg!
    Drno will y my glügglig bryysen, as ych zu dym Äigedum ghöör.

6   Mr hän Sünde begange, wie unseri Altvoordere.
    Mr hän gmacht, was nid rächt isch und schlächt ghandled.

7   Wo unseri Voorfaaren in Egypte gsii sin,
    hän sy nüt us dyne Wunder gleert.
    Käine het sich an dy groossi Gieti wellen erinnere.
    Wo sy am Schilfmeer in d Glemmi koo sin, han sy sich uffgläänt.

8   Er het enen äinewääg gholfe!
    Er het enen esoo sy Macht zäigt!

9   Er het em Schilfmeer droot gha – doo isch s ussdroggned.
    Esoo het er sy dur d Fluete könne fieren und dur d Wieschti.

10 Er het sy vor em Hass vo ire Verfolger gretted
    und sy us dr Gwalt vo ire Find befreit.

11 Wasser het d Find zuedeggt, wo hinterhäär koo sin.
    Käi äinzie von ene isch am Lääbe bliibe.

12 Do hän sy an syni Verspräche glaubt
    und hän wider Lieder zu sym Loob gsunge.

13 Aber bald hän sy vergässe, was er gmacht het.
    Sy hän käi Geduld kaa mid sym Blaan.

14 Wo sy in dr Wieschti gsii sin, het sy dr Haafer gstoche.
    Im droggene Land hän sy dr GOTT uuse gfoordered.

15 Drotzdäm het er iine gää, was sy verlangt gha hän.
    Er het enen aber d Schwindsucht gschiggt[14].

---

[14]   Mid „Schwindsucht" het me friener d Tuberkuloose bezäichned.

16 Spööter hän sy sich im Laager gegen e Moses uffgläänt
und au gegen en Aaron, dr Häiligi vom HEER.

17 Do isch d Äärden ufgange und het dr Datan verschlunge.
Au d Gruppe um en Abiram isch verschütted woorde.

18 E Füür het afo brenne gege die Schar, wo abgfallen isch,
e Flamme het dänen Üübeldääter dr Räschde gää.

19 Spööter hän sy am Bäärg Horeb e Kalb gmacht.
Vor däm Bild sin sy nochhäär uf d Gnöi aabe gfalle.

20 Sy hän d Heerligkäit vom HEER yyduscht
gege s Abbild vomene Stier, wo Gras frässe duet.

21 Wiider hän sy dr GOTT, ire Retter, vergässe,
dää, wo groossi Sache het lo gschee in Egypte:

22 Wunderzäiche im Land vom Ham,
gwaltigi Daaten am Schilfmeer.

23 Dr HEER aber het dra dänggt, sy z vernichte,
wenn nid dr Moses gsii wäär, sy Erwäälte.
Dää isch für s Volgg in d Bräsche gsprunge,
as er en vo synere Döibi ka abbringe.

24 Nochhäär hän sy das köschtlige Land usgschlaage.
Sy hän synere Verhäissig nid welle glaube.

25 Im Geegedäil, sy hän in ire Zält drüber e Dummi gha.
Käine het me uf d Stimm vom HEER ghöört.

26 Doo het er sy Hand ussgstreggt gha geege sy,
zum sy in dr Wieschti untergriege.

27 Esoo het er iri Noochkomme unter d Völgger zwungen
und sy in alli Heere Länder verströit.

28 Drno sin sy Aahänger vom Baal Pegor woorden
und hän d Opfermoolzyte für die Doote ghalte.

29 Dur ir Dryybe hän sy dr HEER esoo verruggt gmacht gha,
as e Bloog über sii yyne brochen isch.

30 Do isch dr Pinhas als Aawalt für sii yydrätte.
     Esoo het er d Bloog no können ufhalte.

31 Sy Understützig het men als grächt aagluegt,
     über Generazyoonen ewägg für alli Zyte.

32 Nochhäär hän sy dr HEER am Wasser vo Meriba gräizt.
     Daas Mool muess dr Moses d Folge draage.

33 Sy hän en nämmlig esoo lang uuse gfoordered gha,
     bis er sich het lo hiirysse loo zu unüberlegte Woort.

34 Sy hän d Völgger nid vernichtet,
     wie s dr HEER enen uffdräit gha het.

35 Vyylmeer hän sy sich vermischt mid de Völgger
     und iri Sitten und Brüüch übernoo.

36 Sy dien iri Götzebilder vereere.
     Wäge däm sin sy in d Falle gloffe.

37 Sy hän iri Bueben und Mäitli daarbrocht,
     als Kinderopfer für die bööse Gäischter.

38 Sy hän unschuldigs Bluet vergosse,
     s Bluet vo iren äigene Bueben und Mäitli.
     Die hän sy de Götter vo Kanaan gopfered
     und s Land besuudled dur ir Bluet.

39 Esoo sin sy dräggig woorde dur daas, wo sy gmacht gha hän,
     und dröiloos gege dr HEER dur ir Dryybe.

40 Doo het dr HEER gschüümt vor Wuet gege sy Volgg.
     Voll Widerwille het er uf sy Äigedum gluegt.

41 Er het sy in d Gwalt vo fremde Völgger gää.
     Die hän über sy mid blindem Hass gherrscht.

42 Iri Find hän sy haart bedrängt.
     Si hän sich däänen irere Gwalt miesse böige.

43 Us vyle Gfoore het äär sy gretted.
     Sii aber hän sich hartnäggig gege sy Blan uffgleent gha
     und sich allewyyl dieffer in irere Schuld verstriggt.

44   Drotzdäm het er noch ene gluegt in irer Noot,
     allewyyl denn, wenn er ir Ghüül ghöört gha het.

45   Well er sy gäärn het, het er an sy Bund dänggt.
     Joo, sy Mitläid isch glyych grooss, wie sy Gieti.

46   Er het iine sy Baarmhärzigkäit zäigt
     vor den Auge vo allne dääne, wo sy gfange ghalte hän.

47   HEER, unsere GOTT, duen ys doch befreie!
     Bring uns wider zämmen us de Völgger!
     Drno wämmer dy häilige Naame loobe.
     Mr schetzen uns glügglig und dien dy bryyse.

48   Briise syg dr HEER, dr GOTT vo Israel,
     vom Aafang aa bis in alli Zuekunft.
     Doo drzue söll s ganze Volgg «Aamen» saage!

     Halleluja – Diend dr HEER bryyse!

Däilbuech 5

107

1   Dangged em HEER! Äär isch nämmlig fründlig.
       Joo, für immer duet sy Gnaad bestoo.

2   Esoo sölle die reede, wo dr HEER befreit het.
       Er het sy befreit us dr Gwalt und us em underdruggt syy.

3   Er het sy gsammled us allne Herre Länder;
       us em Oschten und us em Weschte,
       us em Noorden und us em Gebiet am Meer.

4   Sy sin umme giirt in dr menscheleere Wieschti
       und hän käi Wääg in e Stadt gfunde zum woone.

5   Hunger hän sy gha und Durscht
       und iri Seel isch ene fascht verschmachted.

6   Sy hän zum HEER gschraue, wo sy in dr Glemmi gsii sin
       und äär het sy us iren Ängscht uuse grisse.

7   Er het sy uf em rächte Wääg lo lauffe loo
       as sy e Stadt gfunde hän als Woonoort.

8   Sy söllen em HEER dangge für sy Gieti
       und syni Wunderdaaten an de Mensche.

9   Er het ene d Seel früsch gmacht, wo sy uf de Felge gsii sin
       und het sy gsteerggt mid Guetem, wo sy Hunger gha hän.

10   Anderi sin im Stoggfinschdere ghoggt,
       gfangen im Eeländ und gfessled im Yyse.

11   Die hän nämmlig d Wyysige vom GOTT in Wind gschlagen
       und sy Rootschlag linggs ligge loo.

12   Er het drfüür gsoorgt, as ir Häärz gläi worden isch,
       sy sin gstolppered, aber niemerts het gholfe.

13 Sy hän zum HEER gschraue, wo sy in dr Glemmi gsii sin
und äär het sy us iren Ängscht uuse grisse.

14 Us de stoggdunggle Gfängnis uuse het er sy immer wiider befreit
und iri Fessle mid blosse Händ verrisse.

15 Sy söllen em HEER dangge für sy Gieti
und syni Wunderdaaten an de Mensche.

16 In Stügg gschlaage het er d Düüren us Erz
und d Riigel us Yysen abgschlaage.

17 Männgi sin us Dümmi uf die schieffi Baan koo
und hän fuurchtbaar glitten unter ire Verfäälige.

18 Vor Eggel hän sy nüt me können ässen
und sin fascht gstoorbe dra.

19 Sy hän zum HEER gschraue, wo sy in dr Glemmi gsii sin
und äär het sy us iren Ängscht uuse grisse.

20 Er het ene sy Woort gschiggt, wo sy häile duet
und het sy esoo gretted vor em sicheren Untergang.

21 Sy söllen em HEER dangge für sy Gieti
und syni Wunderdaaten an de Mensche.

22 Sy söllen em Danggopfer bringen
und juuble, wenn sy vo syne Daate verzelle dien.

23 Anderi sin mid Schiff über s Meer gsäägled
und hän Handelsräisen undernoo uf hoocher See.

24 Die hän im HEER syni Wäärgg gsee
und syni Wunderdaaten über em Abgrund.

25 Äär het dr Stuurmwind in sy Dienscht gnoo
und d Wälle zu schwindlige Hööchenen ufdüürmt.

26 Immer wiider sin sy uffe gstiigen und wider in d Dieffi aabe gheit.
S Unwätter het iri Seel lo schwaarz see.

27 Sy sin umenander doorggled wie Bsoffeni
und alli iri Wyyshäit isch für d Függs gsii.

28 Sy hän zum HEER gschraue, wo sy in dr Glemmi gsii sin
und äär het sy us iren Ängscht uuse grisse.

29 Er het dr Stuurmwind zum Schwyyge brocht
und d Wälle hän sich gleggt.

30 Sy hän sich gfröit, as es rueig woorden isch.
Er het sy zum Haafe brocht, wo sy Langyzyt drnoo gha hän.

31 Sy söllen em HEER dangge für sy Gieti
und syni Wunderdaaten an de Mensche.

32 Sy söllen en hooch lääbe loo in dr Versammlig vom Volgg
und en im Gräis vo den Alten über alles loobe.

33 Äär ka Wasserströöm in Wieschti verwandlen
und spruudelndi Qwelle zu Land, wo Durscht het nach Wasser.

34 Fruchtbaare Boode kann er zun ere Salzwieschti mache,
well syni Bewooner eso ungattig sin.

35 Handkeerum kann er d Wieschti zun eren Oaase machen
und s fuurzdroggene Land zumene Gwellgebiet.

36 Döört het er sy ussghungered Volgg lo blyybe loo.
Sy hän e Stadt gründed zum woone.

37 Sy hän Ägger bebaut und Wyybäärge gsetzt.
Mid de Frücht hän sy e gueten Erdraag glööst.

38 Er het sy gsäägned und sy hän vyl Kinder bekoo.
Au s Vii isch nid weeniger woorde.

39 Aber spööter sin sy weeniger woorden und hän sich dugge miessen
unter dr Lascht vo Unglügg und Soorge.

40 Er het d Fürschde mid Verachtig gstrooft
und het sy in dr Wieschti ooni Zyyl im Gräis lo umme laufe loo.

41 Aber die, wo nüt gha hän, die het er vor em Eeländ gschützt
und iri Famyylie lo waggse wien e Häärde.

42 Die, wo rächt sin, sölle s see und sich fröie.
Aber allne, wo öppis boosge, wiird s Muul gstopft.

43   Wäär gscheit isch, wiird sich die Gschicht meergge.
      Er söll druss leere, as d Gieti vom HEER alles bewiirgge duet.

108

(Zämme gsetzt us de Bsalme 57,8-12 und 60,7-14)

1   E Lied, e Bsalm, mi dem David verbunde.

2   My Härz isch fescht, HEER, fescht wien e Felse.
     Drum will y singen und musiziere.
     «Due bitte ufwache, my Gmiet,

3   wach bitte uf, du Glang vo dr Handhaarfen und Standhaarfe!
     Ych will s Moorgeroot wegge.»

4   My HEER, ych due dy unter de Völgger bryyse
     und für dii duen y unter de Nazyoone spiile.

5   Gross bis zum Himmel isch nämmlig dy Gnaad
     und bis zu de Wolgge dy Dröi'i!

6   Zäig, as de hööcher bisch wie dr Himmel, GOTT,
     ooben an dr ganze Wält in dynere Heerligkäit.

7   Esoo wäärde dyni Fründ gretted.
     Hilff uns mid dynere staargge Hand und gib ys en Antwoort!

8   In sym Häiligdum het dr GOTT gsäit:
     «Yych due juuble. S Land vo Sichem wird ych verdäilen
     und s Daal vo Sukkot usmässe.

9   Miir ghöört Gilead und miir ghöört Manasse.
     Efraim isch my Helm,
     Juda my Herrscherstab.

10   Moab soll mr als Wäschbeggi diene.
     Uf Edom will y my Schue wärfe.
     Über d Philister wird ych driumfiere.

11   Wäär ka my zur Gränzfeschtig bringe
     Wäär wird my sicher nach Edom fiere?»

12   Saag, GOTT, hesch du uns wiirgglig verstoosse?
     Ziesch duu nümme mid uns in Grieg, HEER?

13   Stoo uns byy und duen ys vor em Find rette!
     D Hilf vo Mensche ka doo nüt usrichte.

14   Aber mid unserem GOTT wäärde mr syyge.
     Äär sälber wird unsere Find verdrampe.

109

1   Für e Choorläiter. Mid em David verbunde. E Bsalm.

    GOTT, diir duet my Loobgsang gälte.
    Schwyyg nid zu mynere Glaag!

2   Sy hän nämmlig ir Muul voller Hass über mii verrisse,
    Mid ere falsche Zunge reede sy gege my Bööses.

3   Statt my gäärn ha dien sy um my umme zum Hass ufstachlen
    und bekämpfe my ooni Grund.

4   Anstatt my gäärn ha, dien sy my aaglaage.
    Drotzdäm blyyb y bi mym Gebätt.

5   Statt Guets due, wän sy mr schaade.
    Und hasse dien sy my, statt my gäärn ha.

6   Sy hän gsäit: «Me söll e Gottloose geegen en lo ufdrätten
    und e harte Aaglääger an syni Syte gää.

7 Wenn er grichted wird, söll er schuldig gsprochen
und sy Gebätt zur Sünd wärde.

8 Syni Dääg sölle zellt syy
und sy Amt söll drnoo en andere bekoo.

9 Syni Kinder sölle Wäise wärden
und sy Frau e Witfrau ooni Schutz.

10 Umme lungere sölle syni Kinder und bättle
und in de Drümmer sueche, was üübrig isch.

11 Syni Glöibiger söllen em alles nää, won er gha het.
Fremdi sölle blündere, was äär eraarbäited gha het.

12 Käi Mensch söll me zuen em halte
und niemerts mid syne Wäise Mitläid ha.

13 Syni Noochkomme söllen ussgrotted wäärde.
Und dr Naame vo dr näggschte Generazyoon scho vergässe syy.

14 D Schuld vo syne Väddere söll bim HEER zellen
und d Sünde vo synere Mueter nid vergää wäärde.

15 Daas soll em HEER immer vor den Auge syy.
Er schafft d Erinnerig an syy us dr Wält.

16 Daas soll basiere, well er nid draa dänggt het,
anderi mid Noochsicht z behandle.
Er het en Aarmen und Hilfloose verfolgt und in Dood dryybe welle

17 Er het dr Fluech gäärn gha, bis er über iin sälber koo isch.
Dr Sääge het er au nid welle, drum isch dää fäärn von em bliibe.

18 Er het dr Fluech aagleggt wie sy Hemmli.
Er het en yyne gsooge wie Wasser, wo me dringgt –
wie Salbööl, wo me mid em d Gliider yyryybe duet.

19 Drum söll dr Fluech um en syy wien e Gläid
und wien e Läädergürtel, wo men alli Daag aaleege duet.

20 Esoo söll s dääne go, wo wyt ewägg sin vom HEER
und wo Bööses über mii greeded gha hän.

21 Duu aber, HEER, my GEBIETER, lueg für mii!
Doo drfüür stoosch du jo mid dym Naame.
Dy Gnaad isch guet für mii. Ryss my uusen us em Unglügg.

22 Eeländ und aarm bin y nämmlig,
und my Häärz glopft wie waansinnig in miir inne.

23 My Lääbe blämperled vor sich aane,
wien e Schatte, wo allewyyl lenger wiird.
Ych bi wien e Höischregge, wo men abschüttle duet.

24 Vom Faschte schlottere mr scho myni Gnöi
und my Lyyb isch abgmaagered wien e Glappergstell.

25 Joo, für vyyli bin y e lächerligi Fyguur.
Wenn sy my seen, drno schüttle sy dr Kopf.

26 Hilff mr doch, HEER, my GOTT!
Due my rette, wie s dynere Gnaad entspräche duet!

27 Zäig ene, as es dyy Hand isch –
dass es duu bisch, HEER, wo daas mache duet!

28 Sölle sy doch flueche, duu aber, duu duesch säägne.
Iren Aagriff uf my isch abverheit. Aber dyy Gnächt daarf sich fröie.

29 Myni Aaglääger sölle Schimpf und Schand aazie,
wie me sich in e Mantel hülle duet.

30 Ych will dr HEER mid mym Muul seer looben
und en zmits in dr Mängi bryyse.

31 Äär stoot nämmlig fescht an dr Syte vo däm, wo sich nid weere kaa.
Er duet en rette vor dääne, won en veruurtäile dien.

110

1 Mid em David verbunde. E Bsalm.

ER het zu mym HEER gsäit:
Sitz an my rächti Syte,
bis ych dyni Find aabe mache due
und zum Scheemeli für dyni Fiess gmacht ha.

2 Due mid dym Heerscherstaab regiere!
Dr HEER git dr vom Zion häär d Macht drzue:
«Due zmits unter dyne Finde herrsche!

3 Dy Volgg stoot baraad im häilige Schmugg,
wenn duu dy HEER ufbiete duesch.
Us dr Rööti vom Moorgen uuse
wiirsch wie nöi geboore.
Früsch wie dr Dau isch d Graft vo dynere Juugend.»

4 Dr HEER het s gschwoore.
Sy Zuesaag duet er nid beröie.
«Duu bisch e Brieschder für alli Zyt – Brieschder und König,
wie numme dr Melchisedek[15] äine gsii isch.»

5 Dr GEBIETER stoot an dynere rächte Syte.
Und am Daag vo synere Döibi duet äär Könige zämme stuuche.

6 Er halted Gricht über d Völgger.
Bäärge vo Lyyche düürme sich uff in dr Schlacht.
Er verschmättered die findligi Macht
wyt und bräit uf dr ganzen Äärde.

7 Underwägs dringgt er Wasser us eme Bach.
Drno keert er häim mid hooch erhoobenem Kopf.

---

[15] «Melchisedek» bedütted äigentlig «My König isch d Grächtigkäit». Dr Melchisedek isch dr eerschti Brieschder gsii, wo in dr Biiblen erwäänt isch. Usserdäm het äär für s Opfer nid Dier bruucht, sondern Broot und Wyy. Au s Abendmaal vom Jesus Grischtus zur Erinnerig an sy Stäärben und syni Uferstee'ig wird hüt mid Broot und Wyy gfyyrt.

111

1   Halleluja – Diend dr HEER bryyse!

      (א) Ych due im HEER dangge vo ganzem Häärzen
      (ב) im Gräis vo de Frommen in synere Gmäind.

2   (ג) Groos isch daas, wo dr HEER gmacht het.
      (ד) wäär daas erfoorsche duet, däm gfallt s.

3   (ה) Was er macht, das isch heerlig und usgezäichned
      (ו) und sy Grächtigkäit duet für immer bestoo.

4   (ז) Er het Feschter gää, wo an syni Wunder erinnere dien.
      (ח) gnäädig und baarmhäärzig isch dr HEER.

5   (ט) Zum ässe het er dääne gää, won en vereere dien.
      (י) Für alli Zyte dänggt er an sy Bund.

6   (כ) Er het sym Volgg ufzäigt, was für e Macht er het.
      (ל) Er het ene Land zum eerbe gä us de Nazyoone.

7   (מ) Was syni Händ mache, dasch zueverlässig und rächt.
      (נ) Alli syni Reegelige hän Bestand.

8   (ס) Sy sin fescht veranggered für immer und eewig.
      (ע) zueverlääsig und ufrichtig.

9   (פ) Erlöösig het er sym Volgg gsänded,
      (צ) e Bund für immer het er mid ene gschlosse.

      (ק) Häilig und eerwüürdig isch sy Naame.

10   (ר) D Eerfuurcht vor em HEER isch dr Aafang vo dr Wyyshäit.
      (ש) Vyyl Erfolg hän alli, wo sich dra halte dien.
      (ת) Sy Loob blybt für immer bestoo.

112

1   Halleluja – Diend dr HEER bryyse!

(א) Glügglig isch jede, wo dr HEER vereere duet
(ב) und wo an syne Gebott e Fröid het.

2   (ג) Helden im Land wärde syni Kinder syy.
(ד) Me duet sy looben als e Generazyoon vo Uffrichtige.

3   (ה) Woolstand und Ryychdum isch in sym Huus
(ו) und sy Grächtigkäit duet für immer bestoo.

4   (ז) E Liecht isch ufgangen im Dunggle den Uffrichtige –
(ח) gnäädig, baarmhäärzig und grächt.

5   (ט) Guet isch dää Mensch, wo verschänggen und vertleene duet.
(י) Syni Gschäft duet er bsoorge, wie s rächt isch.

6   (כ) Joo, wenn er sich dra halte duet, drno wiird er nie schäitere.
(ל) Allewyyl wiird me dra dännge, wie grächt är isch.

7   (מ) Vor schlimme Grücht muess er käi Angscht ha.
(נ) Sy Häärz isch standhaft, er duet em HEER vertraue.

8   (ס) Gedrooscht isch sy Häärz, er kennt käi Angscht.
(ע) am Ändi duet er uf syni Find obenaabe luege.

9   (פ) Er duet ryychlig gää unter den Arme.
(צ) Sy Grächtigkäit stoot fescht für immer.

(ק) Sy Aasee waggst und wird in Eere ghalte.
10 (ר) Dr Gottloosi seets und wird muff.
(ש) Er gniirscht mid de Zeen, aber s nützt em nüt.
(ת) Syni Wunschdröim dien verblatze.

113

1 Halleluja – Diend dr HEER bryyse!

 Diend en bryyse, iir, im HEER syni Diener!
 Bryysed dr Naame vom HEER!

2 Globt syg dr Naame vom HEER
 vo hüt ewägg und allewyyl!

3 Vom Sunnenufgang bis zum Sunnenuntergang
 soll dr Naame vom HEER briise wäärde!

4 Hooch über alle Völgger isch dr HEER,
 über e Himmel uuse goot sy Heerligkäit.

5 Wäär isch denn wie dr HEER, unsere GOTT –
 dää, wo über allem üübere droone duet,

6 dää wo sich ganz gläi macht zum luege –
 äinzigaartig isch er im Himmel und uf Äärde!

7 Dää wo nüt zelle duet, dä ziet er us em Staub
 und us em Mischthuffen uuse holt er dr Aarmi.

8 Er loot en by de Füürschte woone,
 joo, bi de Heerelüt us sym Volgg.

9 Und e Frau, wo käini Kinder het griege könne,
 die loot er e Famyylie gründen und sich an ire Bueben als Mueter fröie.

 Halleluja – Diend dr HEER bryyse!

114

1   Wo d Israeliten us Egypten usszooge sin –
      s Huus vom Jakob us eme Volgg, wo sy nid verstande gha hän:

2   Doo isch Juda sy Häiligdum woorden und
      Israel dr Beryych vo synere Heerschaft.

3   S Meer het das gsee und sich zrugg zooge,
      und au s Wasser vom Jordan het sich nach hinde dräit.

4   D Bäärge sin gsprunge wie Widder,
      d Hüügel sin ghüpft wie jungi Lämmli.

5   Was isch denn mid diir loos, Meer, as duu dy zrugg zie duesch?
      Was hesch duu numme, Jordan, as duu dy nach hinde duesch dräie'

6   Ir Bäärge, worum springed er wie Widder?
      Ir Hüügel, worum hüpfed er wie jungi Lämmli?

7   Vor em GEBIETER söll d Äärde beebe –
      vor em Jakob sym GOTT!

8   Äär het us em Felsen e Wasserfall gmacht
      und us de Kiiselstäi lon e Gwelle spruudle.

115

1   Nid uns, HEER, nid uns,
      sondern gib dym Naame d Eer,
      wäge dynere Gnaad und dynere Dröi'i.

2   Wäge waas döörfe d Völgger saage:
«Woo isch denn ire GOTT?»

3   Unsere GOTT herrscht im Himmel,
alles was em gfalle duet, das macht er au.

4   Iri Götzebilder sin nummen us Silber und Gold,
gmacht vo Menschehänd:

5   E Muul hän sy, aber sy könne nid reede.
E Baar Auge hän sy, aber s könne nüt see.

6   E baar Oore hän sy, aber sy könne nid loose.
E Naase hän sy, aber sy schmegge nüt.

7   Iri Händ sin ooni Nutze, sy könne nid spüüre.
Iri Fiiess sin ooni Nutze, sy könne nid go.
Nid Äi Luut könne sy dur iri Guurglen uuse loo.

8   Die wo sottigi Götzebilder mache, sin genau glyych –
und alli, wo uf däänen iri Macht vertraue dien, grad au esoo.

9   Israel söll aber uf e HEER hoffe!
Äär eläi bieted Hilf und Schutz.

10   Ir Noochkomme vom Aaraon,
diend uf e HEER vertraue!
Äär eläi bieted Hilf und Schutz.

11   Iir, won er Eerfurcht händ vor em HEER,
diend em HEER vertraue!
Äär eläi bieted Hilf und Schutz.

12   Dr HEER dänggt an uns und duet ys säägne!
Er söll d Noochkomme vo Israel säägne!
Er söll d Noochkomme vom Aaron säägne!

13   Er söll alli säägne, wo im HEER diene die –
die Gläine zämme mid de Groosse!

14   Dr HEER söll öich Noochwuggs schängge –
öich allnen und öire Kinder!

15 Iir sind die Gsäägnete vom HEER,
vo däm, wo Himmel und Äärde gmacht het.

16 Dr Himmel ghöört im HEER ganz eläi,
d Äärden aber het er de Menschekinder gää.

17 Käini Doote könne dr HEER looben
und käini, wo aabe faare dien in d Stilli.

18 Miir aber, miir dien dr HEER loobe
vo jetz ewägg bis in alli Eewigkäit yyne.

Halleluja – Diend dr HEER bryyse!

116

1 Ych ha dr HEER gäärn, well er my hööre duet.
Er höört my, wenn ych um Gnaad bitte due.

2 Joo, er het mr en offen Oor gschänggt.
Zu iim will y my Lääbe lang rieffe.

3 Strigg, wo dr Dood bedütte dien, hän my umschlunge.
D Ängscht, wo im Ryych vo de Doote sin, hän my phaggt.
In Noot und Kummer stegg y fescht.

4 Dr Naame vom HEER will y aarieffe.
HEER, due doch my Lääbe rette!

5 Ryych an Gnaad isch dr HEER und grächt.
Unsere GOTT begeegned uns mid Erbaarme.

6 Dr HEER duet die Unerfaarene schütze.
Yych by uf sy Hilff aagwiise gsii – äär het mr gholffe.

7 Kumm wider zur Rue, my Seel!
Dr HEER het nämmlig Grosses an diir gmacht.

8 Joo, du hesch my Seel vor em Dood gretted.
My Aug mues jetz nümme briele.
My Fuess kunnt nümmen ins Stolpere.

9 Ych darf esoo vor em HEER wyterlääbe –
überaal im Land vo dääne, wo lääbe dien.

10 Ych due vertraue, au wen y saage mues:
«Miir isch es wiirgglig dräggig gange!»

11 In myneren Angscht han y dänggt:
«Alli Mensche liege numme!»

12 Wie numme kan y im HEER Danggschöön sage
für alles, won er miir Guets gmacht het?

13 Dr Bächer will y zum Dangg erheebe für my Rettig –
und drzue dr Naame vom HEER aarieffe.

14 Was yych em HEER versproche ha,
daas will y öffentlig erfülle.

15 Für e HEER wäär s e groosse Verluscht,
wenn äine vo syne Fromme stäärbe däät.

16 Loos, HEER, ych due diir ghööre!
Ych bi doch dy Gnächt!
Ych bi dy Gnächt, s Kind vo dynere Magd!
Du hesch myni Fessle glööst, ych bi frei!

17 Diir will y my Danggopfer bringe –
und drzue dr Naame vom HEER aarieffe.

18 Was yych em HEER versproche ha,
daas will y öffentlig erfülle –

19   in de Hööf, vor em HEER sym Huus,
     zmits in Jerusalem!

Halleluja – Diend dr HEER bryyse!

117

1   Diend dr HEER looben, ir Völgger alli!
     Diend en bryyse, ir Menschen us alle Nazyoone!

2   Joo, voller Macht duet er sy Gieti über uns usbräite.
     Und d Dröi'i vom HEER duet für alli Zyte bestoo!

Halleluja – Diend dr HEER bryyse!

118

1   Diend im HEER dangge. Äär isch nämmlig guet!
     Für immer blybt sy Gieti bestoo.

2   Esoo söllen alli in Israel bekenne:
     «Für immer blybt sy Gieti bestoo.»

3   Esoo sölle d Brieschter us em Huus vom Aaron bekenne:
     «Für immer blybt sy Gieti bestoo.»

4   Esoo sölle die bekenne, wo dr HEER füürchte dien:
     «Für immer blybt sy Gieti bestoo.»

5   Me het my in d Ängi driibe. Do han y zum HEER gschraue.
     Dr HEER het mr Antwoort gää und mr Luft verschafft.

6   Dr HEER isch füür my, y ha käi Angscht!
     Was könne mr d Mensche scho mache?

7   Dr HEER isch füür my, er stoot mr byy!
     Drum kann y dääne, wo my hasse, ooni Schiss in d Auge luege.

8   S isch besser bim HEER Schutz sueche,
     als sich uf d Mensche verloo.

9   S isch besser, bim HEER Schutz sueche,
     als sich uf Rang und Naame verloo.

10   Findligi Völgger hän my yygräist gha.
     Im Schutz vom HEER sym Naame han y iren Aagriff abgweert.

11   Sy hän d Schlingen immer änger um my umme zooge gha.
     Im Schutz vom HEER sym Naame han y iren Aagriff abgweert.

12   Sy hän my umgräst, wie d Biinen ire Waggs –
     wie Füür s droggene Doornegstrüpp umgräise duet.
     Im Schutz vom HEER sym Naame han y iren Aagriff abgweert.

13   Me het my haart aagrämppled, as y umgheie dääti.
     Aber dr HEER isch fescht an mynere Syte gstande.

14   «My Graft und my Steerggi isch dr HEER.
     Äär isch für mii zum Retter woorde.»

15   Juubelrief und Syygeslieder
     höört men us de Zält uuse, wo die Grächte woone dien:

     «Die staarggi Hand vom HEER duet mid Macht wiirgge.

16   Die staarggi Hand het dr HEER hooch uffe glüpft!
Die staarggi Hand vom HEER wiirggt mid Macht!»

17   Yych wird nid stäärbe, yych wird lääben
und verzelle, was dr HEER gmacht het!

18   Mid ere haarte Hand het my dr HEER erzoogen,
aber im Dood het er my nid usgliifered.

19   Mached d Düüren uff vo dr Grächtigkäit!
Ych möchte dur sy duure goo und dr HEER bryyse.

20   Daas isch s Door, wo zum HEER fiere duet.
Numme die Grächte göön doo duure.

21   Ych will dr dangge, well duu mr Antwoort gää hesch.
Duu bisch für mii zum Retter woorde.

22   Dr Stäi, wo d Baulüt furt gheit gha hän,
dää isch zum Eggstäi woorde.

23   Doo drfüür het dr HEER gsoorgt.
S isch e Wunder in unseren Auge.

24   Dasch dr Daag, wo dr HEER gmacht het.
Löönd ys juublen und uns über en fröie!

25   Loos, HEER, bring ys doch d Rettig!
Loos, HEER, bring doch alles zumene gueten Änd.

26   Gsäägned syg dää, wo im Naame vom HEER kunnt!
Vom HEER sym Huus us diemmer öich säägne.

27   Dr HEER isch unsere GOTT! Sy Liecht söll für ys lüüchte!
Diend dr Feschtzuug mid griene Zwyyg schmügge –
bis zu de Höörner vom Altaar.

28   Duu bisch my GOTT! Yych due dr dangge!
My GOTT, ych will dy looben in de höggschde Döön!

29   Dangged em HEER! Äär isch nämmlig guet!
Und sy Gieti blybt für immer bestoo.

119

1 Alli die sin glügglig, wo voorbildlig lääbe dien:
   Sy halte sich an d Wyysig vom HEER.

2 Alli die sin glügglig, wo syni Reeglen yyhalte dien:
   Sy suechen en vo ganzem Häärze.

3 Au hän sy no nie öppis unrächts gmacht gha.
   Sy hän syni Wääg yygschlaage.

4 Aawyysige hesch duu iine gää,
   as sy gwüssehaft befolgt määrde.

5 Ach, määr doch my Lääben esoo staargg,
   as ych dyni Gsetz au befolge däät!

6 Au miest y my drnoo nid schämme,
   wenn y uf alli dyni Gebott luege due!

7 Allbott will y dy mid emen eerlige Häärz bryysen
   und miir dy Rächtsoornig yybrääge.

8 Au dyni Gsetz will y befolge.
   Due my doo drmit nid eläi loo!

ב

9 Bestimmt kann e junge Maa sy Lääbe mäischtere,
   wenn er sich nach sym Willen usrichte duet.

10 Begeere duen y dy vo ganzem Häärze.
   Lo my nid vo dyne Gebott abwyyche!

11 Bewaart han ych dy Woort im Häärz,
    as ych my nid gege dii verfääle due.

12 Briise sygsch duu, HEER!
    Leer my, as ych dyni Gsetz halte due!

13 Mid myne Lippe han y alles uffzellt gha –
    alli Gsetz, wo duu bekannt gää hesch.

14 Befolge duen y dyni Voorschrifte,
    daas macht mr Fröid – mee als alle Ryychdum.

15 Bewusst will y über dyni Aawyysige sinnieren
    und uf die Wääg luege, wo duu empfääle duesch.

16 Bim Lääse vo dyne Gsetz duen y my seer fröie.
    Lo my dy Woort nid vergässe!

ג

17 Gib dym Gnächt Guets, as ych am Lääbe blyybe ka!
    Drno kann y my nach dym Woort richte.

18 Gib mr offeni Augen! Drno duen y dyni Wunder see,
    wo dur dyni Wyysig gschee sin.

19 Gascht bin y numme und wen y e Fremde bi im Land:
    Due dyni Gebott nid voor mr verstegge!

20 Ganz verzeert het sich my Seel mid em Wunsch,
    as ych allewyyl nach dyne Gsetz lääbe will.

21 Gwaarnt hesch duu die fräche Mensche.
    Verfluecht syg, wäär vo dyne Gebott abwyyche duet.

22 Gspött und Schand, won y erlääbe muess – due my drvoo befreie!
    Ych ha dyni Voorschrifte nämmlig yyghalte.

23 Groossi sin zämme koo und hän gege my verhandled.
    Aber dy Gnächt dänggt nummen an dyni Gsetz.

24 Groos isch my Fröid über dyni Voorschrifte.
    Sy sin für mii wie gueti Rootgääber.

ד

25 Dr Staub vo dr Äärde gläbbt an mynere Seel.
Due my dur dy Woort am Lääbe halte.

26 Diir han ych vo mym Lääbenswääg verzellt
und duu hesch mr uf myni Froogen en Antwoort gää. Leer my,
dyni Gsetz halte!

27 Dr Wääg vo dynen Aawyysige lo my verstoo.
Ych will über dyni Wunder sinniere.

28 Druurig bin y esoo, as ych käi Schloof gfunde ha.
Due my wider uffrichte dur dy Woort!

29 Dr Wääg vo däne, wo liege dien, lo my nid lo goo,
sondern due mr dy Wyysig schängge!

30 Dr Wääg vo dr Woored han y gwäält.
Dyni Gsetz han ych immer vor den Auge gha.

31 Dyni Voorschrifte sin daas, won y my dra glammered ha.
Drum, HEER, due my nid entdüüsche!

32 Dyni Gebott wyysen e Wääg, won y druff gang.
Doo drzue schänggsch duu mr e wyts Häärz.

ה

33 Hilff mr dr Wääg vo dyne Gsetz zäige, HEER!
Drno will ych uf em blyybe bis ans Ändi.

34 Hilff mr, as y dyni Wyysig mid Yysicht yyhalte due!
Denn will y sy au vo ganzem Häärze befolge.

35 Heb Soorg zue mr, as y dr Pfaad vo dyne Gebott ka goo!
Ych ha nämmlig Gfalle gfunde draa.

36 Hesch mr dyni Voorschriften an s Häärz glegt
und nid dr Wunsch nach Gwünn!

37 Hilff mr drbyy, as my sinnlooses Zügs nid ablängge duet
Wenn yych dym Wääg folg, den due my ermuetige!

38 Heb en Aug uf daas und due erfülle, was duu dym Gnächt
versproche hesch.
Drno wiird me dir mid Eerfurcht begeegne.

39 Hoon und Spott lo an mr vrbyy goo.
Dyni Gsetz sin nämmlig vollkomme.

40 Han ych immer Luscht gha nach dynen Aawyysige?
Due my dur dy Grächtigkäit muetig mache!

ך

41 Und dy Gieti, HEER, söll my erräiche,
joo, au dy Hilf, wie duu s versproche gha hesch.

42 Und wäär my verhöönt, däm duen y widerspräche.
Yych ha nämmlig uf dy Woort verdraut.

43 Und lo my Muul die volli Woored saage.
Joo, ych ha uf dyni Gsetz ghofft!

44 Und ooni Froog wiird ych dyni Wyysig befolge –
für immer und eewig.

45 Und ych wiird dur e wyts Land goo.
Ych ha nämmlig dy Aawyysig gsuecht.

46 Und vo däne Voorschrifte wiird y reede.
Ych reed vor Könign und due my nid schämme.

47 Und über dyni Gebott wiird y my fröie.
Well ych sy gäärn griegt ha.

48 Und myni Händ wiird y zu diir uffe heeben
und über dyni Gsetz noochedängge.

ז

49 Syg dröi in däm, wo duu dym Gnächt zuegsäit hesch!
Yych ha nämmlig uf dy Woort ghofft.

50 S isch mr allewyyl Drooscht in mym Eeländ bliibe.
Dyni Verhäissig het my muetig gmacht.

51 Spott hän frächi Lüt über mr ussgleert gha –
ych bi aber nid vo dynere Wyysig abgwiche.

52 Soo seer han y my an dyni Gsetz ghalte, wo blyybe.
Wäge däm han y au wiirgglige Drooscht gfunde, HEER.

53 Staarggi Wuet het my allerdings phaggt wäge de Gottloose.
Die dien dynere Wyysig dr Rugge zuedräie.

54 So schön wie Lieder hän dyni Gsetz in mynen Oore döönt,
won y s Zyyl vo mynere Bilgerräis erräicht gha ha.

55 Sogaar znacht isch mr dy Naame, HEER, in Sinn koo,
und dy Wyysig han y befolge welle.

56 Sottigs Glügg isch mr gschänggt woorde.
Ych ha dyni Aawyysige nämmlig yyghalte.

ח

57 «Gschänggt», so han y gsäit: «isch mr dy Gnaad.
S isch my Uffgoob, HEER, as y my nach dyne Woort richte due. »

58 Gsuecht han y vo ganzem Häärze dy Gsicht.
Due mr doch vergää, esoo wie du s versproche gha hesch!

59 Genau han ych my Wääg überdänggt
und bi zrugg keert zu dyne Voorschrifte.

60 Gaas gä han y und käi Momänt zöögered,
as y dyni Gebott befolge kaa.

61 Gleggt hän d Üübeldääter Schlingen um my umme.
Aber dyni Wyysig han y nid vergässe.

62 Gege Mitternacht will y uffstoo
und dii für dyni Rächtsoornig bryyse.

63 Guetfründ bin y vo allne, wo dy vereeren
und dyni Aawyysige befolge dien.

64 Gfüllt het dy Gieti, HEER, die ganz Äärde.
Dy Gsetz halte, daas due my leere!

65 Dröschdligs hesch duu dym Gnächt doo,
HEER, esoo, wie duu s versproche gha hesch.

66 Due my leere guet und vernümftig uurtäile!
Dyne Gebott han y nämmlig verdraut.

67 Driegerischi Wääg bin y gange, bevoor ych ha miesse lyyde.
Aber denn han y my an dyni Verhäissig ghalte.

68 Duu bisch guet und äine, wo Guets mache duet.
Leer my, dyni Gsetz halte!

69 Döiflischi Liege dien frächi Lüt über my verbräite.
Yych aber will dyni Aawyysige vo ganzem Häärze befolge.

70 Dumm und verschlosse isch ir Häärz.
Aber miir het dy Wyysig Fröid gmacht.

71 Drum isch s guet für my gsii, as y ha miesse lyyde.
Daas brucht me drzue, as me dyni Wyysig hööre kaa –

72 Dyni Wyysige höören isch guet für mii –
besser als e Schatz vo Gold- und Silbermünze.

73 Joo, dyni Händ hän my gmacht und bilded.
Gib mr d Yysicht, as y dyni Gebott leere kaa!

74 Jeede, wo dy vereere duet, luegt uf mii voller Fröid.
Ych ha nämmlig uf dy Woort ghofft.

75   Ych wäiss, HEER, as dyni Gsetz grächt sin.
 Du hesch rächt gha, as duu my hesch lo lyyde.

76   In dynere Gieti söll mr jetz wider Drooschd wäärde,
 wie duu s dym Gnächt versproche gha hesch.

77   In dy Erbaarme due my yywiggle! Denn blyb ych am Lääbe.
 Über dy Wyysig fröi y my seer.

78   In Schand lo die fräche Lüt dr Bach ab goo, well iri Liege my unter-
 druggt hän.
 Ych aber due noochdänggen über dyni Aawyysige.

79   Joo, die wo dii vereere dien, sölle sich zu miir dräie.
 Sii sin s, wo dyni Voorschriften anerkenne dien.

80   Ych will e Byspyl gää, wie me nach dyne Gsetz läbt.
 Drno muess y my nid schämme.

ב

81   Kumm, myni Seel wott dy Hilf bekoo.
 Ych ha doch uf dy Woort ghofft.

82   Köne myni Auge dy Verhäissig mid eme Bligg see,
 wo frooge duet: «Wenn duesch duu my drööschde?»

83   Ka me s glaube? Ych ha my gfüült wien e Wyyschluuch in dr Röi-
 cherkammere.
 Dyni Gsetz han y aber nid vergässe.

84   Kuurz syn d Dääg, wo dym Gnächt no blyybe.
 Wenn duesch duu Gricht halten über myni Verfolger?

85   Köne sogaar die fräche Lüt Fallgruebe für my ussheebe.
 Die sin s, wo nid nach dynere Wyysig lääbe dien.

86   Kasch s glaube, alli dyni Gebott diene numme dr Woored.
 Sii aber hän my mid Liege verfolgt. Stoo mr byy!

87   Kabooris gmacht hätte sy my fascht im Land.
 Yych aber ha dyni Aawyysige nid ufgää.

88 Könntsch mr Muet mache, wie s dynere Gieti entspräche duet!
Yych will mache, was duu mr voorschryybe duesch.

ל

89 Läbt nid für immer, HEER, dy Woort?
Im Himmel isch es fescht bschlosse.

90 Lang duet s lääbe, vo Generazyoon zu Generazyoon.
Duu hesch d Äärde fescht gründed, as sy bestoot.

91 Lut dyneren Oornig isch hüt no alles in Graft.
Alli Sache stöön nämmlig in dym Dienscht.

92 Loot mr dyni Wyysig nid immer grööschti Fröid?
Wäär s nid esoo, drno wäär ych in mym Eeländ vergange.

93 Lääbenslenglig wiird ych dyni Aawyysige nid vergässe.
Dur sii hesch du mii am Lääbe ghalte.

94 Lieb bisch, diir verdangg y my Rettig.
Ych ha nämmlig dyni Aawyysige gsuecht.

95 Lischtig dien mr d Üübeldääter nooche stelle, sy wän my vernichte.
Yych aber due my gnau an dyni Voorschrifte halte.

96 Lo my s Ändi vo allem Vollkommene immer wider see.
Aber dy Gebott längt vyyl wyter.

97 Mid ganzer Seel han y dyni Wyysig gäärn.
Um sii dien myni Gedangge dr ganzi Daag gräise.

98 Mii mache dyni Gebott gscheiter wie myni Find.
S isch für mii nämmlig von ere Bedüttig, wo blybt.

99 Mee verstande han y wie alli myni Leerer.
Ych ha nämmlig über dyni Voorschrifte noochedänggt.

100 My Erkenntnis isch gröösser als die vo den Alte.
Ich ha dyni Aawyysige nämmlig yyghalte.

101 Myni Fiess han y nid lo uf Abwääge groote loo.
Esoo kann y dy Woort wyter befolge.

102 Mid käim Gedangge bin y vo dyne Gsetz abgwiche.
Duu sälber hesch mr sy nämmlig noochebrocht gha.

103 Miir schmegge dyni Verhäissige guet –
sy sin no siesser als Hoonig in mym Muul.

104 Mid Yysicht dien my dyni Aawyysigen erfülle.
Wäge däm duen y au jeede Wääg, wo me druf liege duet, hasse.

ב

105 Numme dy Woort isch e Lampe für my Fuess
und e hälls Liecht uf mym Lääbenswääg.

106 Nie wird ych das brääche, was ych gschwoore ha –
nämmlig dy Rächtsoornig befolge.

107 Niidergschlaage bin y, well ych groosses Läid ha miessen erfaare.
HEER, mach mr doch dur dy Woort wider Muet.

108 Nimm my Dangg als Opfer aa, HEER!
Und due my leere, dyni Gsetz halte!

109 Nid en Augebligg isch my Lääbe sicher.
Aber yych ha dyni Wyysig nid vergässe.

110 Nichtsnutze hän mr wellen e Falle stelle,
bin y nid vo dynen Aawyysigen abgwiche.

111 Nie wiird ych dyni Voorschrifte vrgässe.
Sy beräite mym Häärz nämmlig woori Fröide.

112 No so gäärn will ych nach dyne Gsetz handle –
für immer und bis ans Ädni.

ס

113 Söttigi, wo nid entschäide dien, duen y hasse.
   Aber dyni Wyysig han y gäärn.

114 Sichere Schutz und Schild bisch mr duu.
   Ych ha uf dy Woort ghofft gha.

115 «Sondered öich doch ab, ir Üübeldääter!
   Ych will d Gebott vo mym GOTT yyhalte.»

116 Syg duu my Hilf, duu hesch versprochen as ych am Lääbe blyyb.
   Lo myni Hoffnig nid enttüscht wäärde!

117 Syg duu my sichere Halt, as y gretted wiird!
   Ych will ständig uf dyni Gsetz luege.

118 S sin alli ooni Wäärt für dii, wo vo dyne Gsetz abgwiche sin.
   Liegen und bedriegen isch nämmlig iri Art.

119 Soo wie d Schlagge vo Metall hesch duu ally Frääfler im Land ewä
   gruumt.
   Drum han y dyni Voorschrifte gäärn.

120 Seesch, us Angscht vor diir zitteren y am ganze Lyyb.
   Ych ha Schiss vor den Uurtäil, wo duu felle duesch.

ע

121 Alles han y gmacht, was d Rächtsoornig foordere duet.
   Due my nid däänen überloo, wo mr Gwalt aadien.

122 Au für dy Gnächt due bitte yydrätte, as es em guet goot!
   Fräche Lüt sölle mr käi Gwalt aadue!

123 Aanegluegt han y, as duu mr hälffe kasch
   und nach dr Verhäissig vo dynere Grächtigkäit.

124 An dym Gnächt due handle nach dynere Gieti!
   Und leer my, dyni Gsetz halte!

125 Ach, ych bi doch dy Gnächt! Gib mr d Yysicht,
as ych dyni Voorschrifte verstoo ka.

126 An dr Zyt isch s, as me für e HEER handle duet.
Sy hän dyni Wyysig usser Graft gsetzt.

127 Au us däm Grund han y dyni Gebott gäärn –
mee as Gold und räins Fyyngold.

128 Aallne dynen Aawyysige duen y folge,
aber jeede Wääg, wo glooge wiird, duen y hasse.

ס

129 Froogloos – wunderbaar sin dyni Voorschrifte.
Drum richted sich my Seel nach inne.

130 Fiersch duu uns zu dyne Woort, drno dien sy häll lüüchte.
S bringt die Unerfaarene zur Yysicht, wenn sy dur sy yyne göön.

131 Frei han y my Muul ufgmacht,
well s my nach dyne Gebott verlangt gha het.

132 Fier my an dy Erbaarmen aane!
Die wo dy Naame gäärn hän, döörfe daas erwarte.

133 Fescht mach myni Schritt dur dy Verhäissig
und gib em Unrächt käi Macht üüber my!

134 Frei lo my syy vo dr Underdruggig vo de Mensche,
as ych dyni Aawyysige befolge ka!

135 Für dy Gnächt lo dy Geegewart lüüchten
und due my leere, dyni Gsetz halte!

136 Flüss vo Drääne sin us mynen Augen aabe gflosse.
Me het dy Wyysig nämmlig nid welle befolge.

137 Zäig doch, as duu grächt bisch, HEER!
Dyni Gsetz sin guet und richtig!

138 Zuedäilt hesch du dyni grächte Voorschrifte.
Sy sin ganz und gaar zueverlässig.

139 Zletscht het dä Yysatz für dy Sach my kabut gmacht.
Myni Find hän nämmlig dyni Woort vergässe.

140 Zum Glügg isch dy Verhäissig glaar und suuber.
Dy Gnächt het sy gäärn griegt.

141 Zwar bin y au niidrig und verachted,
han y dyni Aawyysige doch nid vergässe.

142 Zueverlässig blybt dy Grächtigkäit für immer grächt
und uf dyni Wyysig ka me sich wiirgglig verloo.

143 Zwang und Drangsaal hän my droffe,
dyni Gebott sin drotzdäm my gröschti Fröid.

144 Zu jeedere Zyt sin syni Voorschrifte grächt.
Due mr Yysicht schängge! Denn blyb y am Lääbe.

145 Greftig han y grueffe: «Gib mr Antwoort, HEER!»
Dyni Gsetz will ych yyhalte.

146 Grueffe han y zue dr: «Hilff mr doch!»
Ych will dyni Voorschrifte befolge.

147 Kuum isch dr Daag aabroche gsii, han y um Hilf gschraue.
Ych ha doch uf dyni Woort ghofft.

148 Kuum het d Nacht aagfange, han y myni Augen offe bhalte.
Y ha über dyni Verhäissig studiere welle.

149 Kasch my hööre rieffe, wie s dy Gieti verspräche duet!
HEER, erhalt my Lääben esoo, wie s dyni Gsetz wän!

150 Koo simmer myni Verfolger immer nööcher,
aber vo dynere Wyysig sin sy wyt ewägg.

151 Kasch mr ganz nooch blybe, HEER.
Uf alli dyni Gebott isch wiirgglig Verlass.

152 Kenne duen ych syt jeehäär dyni Voorschrifte:
Duu hesch sy als Fundamänt für immer gsetzt.

153 Richt dy Bligg uf my Eeländ und zie my uuse!
Ych ha dy Wyysig nämmlig nid vergässe.

154 Rett my und due my vor em Gricht verdrätte!
Due my Lääben erhalte, wie duu s verhäisse hesch!

155 Rettig git s aber für die Gottloose nit.
Sy hän dyni Gsetz nämmlig nid gsuecht.

156 Ryych und gränzeloos isch dy Verbaarme, HEER.
Erhalt my Lääben esoo, wie s dyni Gsetz wän!

157 Ryychlig bin y verfolgt und y ha vyl Find.
Aber vo dyne Voorschrifte bin y nid abgruggt.

158 Rächt wiiderwillig han y uf die Verrööter gluegt,
wo sich nid an dyni Verhäissig ghalte gha hän.

159 Rächne mr aa, as ych dyni Aawyysige gäärn ha!
HEER, erhalt my Lääben esoo, wie s dy Gieti will!

160 Richtschnuer isch mr für d Woored dy Woort
und dyni Rächtsoornig duet für immer gälte.

161 Sogaar ooni jeede Grund hän my Füürschte verfolgt.
Aber numme dy Woort het my könne verschregge.

162 So vyl Fröid han y an dynere Verhäissig
   wie äine, won e ryychi Böiti mache duet.

163 S Liege duen y hasse voll Wiiderwille –
   aber dyni Wyysig han y gäärn.

164 Siibe Moll am Daag duen ych dy bryyse drfüür,
   as duu dyni Rächtsoornig gää hesch.

165 S sölle glügglig lääbe die, wo dyni Wyysig gäärn hän
   und s gid nüt, wo ire Friide stööre duet.

166 Schüüch han ych uf dy Hilf ghofft gha, HEER,
   und ha alles gmacht, wo dyni Gebott foordere dien.

167 Schöön, as my Seel dyni Voorschrifte befolge duet
   und sy wiirgglig gäärn griegt.

168 Sicher han ych dyni Aawyysige befolgt.
   Joo, du kennsch jo alli myni Wääg.

169 Due my Gjoomer aaloose, HEER!
   Gib mr Yysicht! Esoo will s dy Woort!

170 Due my Bättle voor dy lo koo loo!
   Due my rette. Esoo will s dy Verhäissig!

171 Dangg und Looblieder söllen über myni Lippe strööme.
   Duu leersch my nämmlig, dyni Gsetz halte.

172 Dyni Verhäissige löön my Zunge singe.
   Alli dyni Gebott schaffe nämmlig Grächtigkäit.

173 Dy Hand isch baraat, miir z hälffe!
   Ych ha dyni Aawyysig nämmlig usgwäält.

174 Dy Hilf isch s, won y Langyzyt drnoo ha, HEER.
   Und dy Wyysig isch my grööschti Fröid.

175 Dii will y lobe, lo my Seel uflääbe!
   Und dyni Gsetz sölle mr drbyy hälffe.

176 Duen y my wien e verloores Schooff veriire, drno suech dy Gnächt!
Dyni Gebott han y nämmlig nid vergässe.

120

1 E Bsalm für en Uffstiig zum Dämpel.

In dr höögschte Noot han y my an dr HEER gwänded.
Äär het mr Antwoort gää, won y zuen em grueffe gha ha.

2 «HEER, due my Lääbe rette vor dääne,
wo Liegen uf ire Lippe draage dien –
wo mid irer Zunge bedriege dien!»

3 Was erwaartisch duu denn, du falschi Zunge?
Waas söll er diir gää?
Waas söll er diir aadue und mache?

4 Spitzigi Griegspfyyl sölle dy dräffe,
drzue glieiendi Koole vom Ginschterstruuch.

5 Wee miir, as ych als Fremden in Meschek bliibe bii.
Bi de Zält vom Kedar mues y woone.

6 Zue lang duet my Ufenthalt scho duure
bi dääne, wo dr Friide hasse dien.

7 Ych möchti doch nummen im Friide lääbe.
Aber was ych au saage due – sy wän dr Grieg.

121

1   E Bsalm für en Uffstiig zum Dämpel.

    Ych lueg uffe zu de Bäärge.
    Vo woo kunnt mr d Hilf?

2   My Hilf kunnt vom HEER!
    Äär het dr Himmel und d Äärde gmacht.

3   Äär loot nid zue, as my Fuess stolpere duet.
    Äär. wo zue mr luege duet, schlummered nit.

4   Lueg doch, nid schlummeren und nid schlooffe
    duet dää, wo zu Israel luege duet.

5   Dr HEER wacht über dii.
    Dr HEER isch dy Schutz,
    er duet an dynere Syte Schatte spände.

6   Am Daag duet dr d Sunne nid schaaden
    und dr Moond nid in dr Nacht.

7   Dr HEER wiird dy bhiete vor allem Bööse.
    Äär duet dy Lääbe bhiete.

8   Dr HEER bhieted dy Goo und Koo
    vo jetz aa und für immer.

122

1 E Bsalm für en Uffstiig zum Dämpel.
   Mid em David verbunde.

   Wie han yych my gfröit, wo me mr gsäit gha het:
   "Mr wän zämme zum Huus vom HEER goo!»

2 Und jetz stöön unseri Fiess
   bigoscht in dyne Door, Jerusalem.

3 Jerusalem, du bisch baut, wien e Stadt syy söll,
   fescht zämme baut stöön dyni Hüüser.

4 Zu diir uffe zien d Stämm imene Feschtzuug –
   d Stämm, wo zum HEER ghööre dien.

   S het nämmlig e Gebott gää für Israel,
   as sy döört dr Naame vom HEER bryyse sölle.

5 Joo, döört sin syynerzyt d Dröön gstande,
   wo sy Rächt gsproche gha hän.
   D Dröön für d Königen us em David sym Huus.

6 Diend dr Stadt Jerusalem Friide wünsche:
   «Alli die, wo dy gäärn hän, söllen in Rue lääbe!

7 Friide söll syy innerhalb vo dyne Muuren
   und Wööli in dyne Baläscht.»

8 Ych dängg an myni Briederen und myni Fründ
   und saag: «Friide syg in diir!»

9 Ych dängg an s Huus vom HEER, unserem GOTT,
   und due my bemieie, diir Guets z due!

123

1   E Bsalm für en Uffstiig zum Dämpel.

      Yych due myni Augen ufheebe zu diir,
      duu, wo im Himmel droone duesch.

2   Lueg, au d Gnächte luegen uf d Hand vo irem HEER.
      Und au d Magd luegt uf d Hand vo irer Gebieterin.
      Grad esoo luege mir uffe zum HEER, unserem GOTT,
      bis er uns gegenüüber gnäädig isch.

3   Syg doch barmhäärzig, HEER, due Erbaarme haa mid uns!
      Miir hän s nämmlig satt, as men ys esoo verachte duet.

4   S duet ys in dr Seel wee! Mr hän s esoo satt,
      as uns die Soorgloosen esoo mid Spott überschütte–
      as uns die BlagÖÖri wie Drägg behandle dien.

124

1   E Bsalm für en Uffstiig zum Dämpel.
      Mid em David verbunde.

      «Wäär dr HEER nid füür uns gsii»,
      esoo söll Israel reede:

2   «Wäär dr HEER nid füür uns gsii,
      wo d Menschen ys aggriffe gha hän:

3   Sy hätten uns lebändig ufgfrässen,
      eso verruggt sin sy uf ys gsii.

4   Drno hätten ys Wassermassen überschwemmt,
      e Stuurzbach hätti sich über uns ergosse.

5   Drno wäre mr überschwemmt woorde
     vo Wasserfluete, wo schuume dien.

6   Briise syg dr HEER!
     Äär het uns däne Raubdier nid zum Fraass vorgwoorfe,
     sy hätten uns mid ire Zeen verrisse.

7   Unser Lääben isch wien e Vöögeli,
     won em Voogelfänger abghauen isch.
     D Voogelfallen isch kabooris gangen
     und miir – mir sin abghaue.

8   Unseri Hilf liggt bim Naame vom HEER,
     wo dr Himmel und d Äärde gmacht het.

125

1   E Bsalm für en Uffstiig zum Dämpel.

     Wäär uf e HEER verdraue duet, dä duet em Bäärg Zion glyyche.
     Äär wiird nid ins Wangge koo, für immer blybt er bestoo.

2   Wie die Bäärge, wo um Jerusalem umme sin,
     esoo schützt dr HEER sy Volgg zringelum –
     vo hüt ewägg bis in alli Zuekunft yyne.

3   Joo wiirgglig, dr Heerscherstab vom Bööse döörf nid regieren
     über s Eerbland, wo de Grächte ghööre duet.
     Sunscht streggen au no die Grächte d Hand us
     und dien sich am Unrächt bedäilige.

4   HEER, mach Guets für die guete Menschen
     und dääne, won en eerligs Häärz hän.

5   Die anderen aber, wo grummi Wääg göön,
die duen y in ir Unglügg lauffe loo – zämme mid den Üübeldääter.

Due über Israel Friiden usbräite!

126

1   E Bsalm für en Uffstiig zum Dämpel.

Mr sin wie imene Draum gsii,
wo dr HEER s Schiggsaal vo Zion zum Guete gwändet gha het:

2   Doo het Lachen unser Muul gfüllt
und Juubel uns d Zunge glööst.

Doo het men unter de Völgger gsäit gha:
«Joo, dr HEER het Grosses an iine gmacht!»

3   Gross het sich dr HEER zäigt, uns esoo wool zdue.
Mr sin imene richtige Fröidedaumel gsii.

4   HEER, due unser Schiggsal zum Guete wände –
esoo, wie duu d Bäch im Negev fülle duesch nach ere Droggezyt.

5   Wäär mid Drääne säie duet,
dää wiird mid juuble d Ärnti yybringe.

6   Allewyyl goot er mid Dräänen uf s Fäld,
wenn er dr Böitel zum Sääie dräit.
Drno kunnt er mid juuble zrugg
und duet syni Gaarbe häime drääge.

127

1   E Bsalm für en Uffstiig zum Dämpel.
Mid em Salomo verbunde.

Wenn dr HEER nid s Huus baue duet,
drno nützt s nüt, wenn die sich abmieie dien, wo baue.
Wenn nid dr HEER d Stadt bewache duet,
duet dr Wächter umesunscht wachsaam blyybe.

2   S nützt öich nüt, as er frie am Moorgen ufstöönd
und erscht spoot wider absitze diend.
Er ässed doch numme s Broot, won er drfüür grampfe diend.
Aber syne Fründ schänggt dr HEER e rueige Schloof.

3   Lueged, Kinder sin e Gschängg vom HEER.
E Loon isch d Frucht, won er im Mueterlyyb schängge duet.

4   Wie d Pfyyl in dr Hand vom Kämpfer –
esoo hilfryych sin die Söön, won em byzyte geboore woorde sin.

5   Glügglig z bryysen isch dr jungi Maa,
wo sy Köcher mid ene gfüllt het.
Sy wäärde zämme nid versaage,
wenn sy mid Find im Door verhandle dien.

128

1   E Bsalm für en Uffstiig zum Dämpel.

Glüüglig z bryyse sin alli Mensche,
wo dr HEER füürchte dien – die, wo gäärn uf syne Wääge goo dien

2   Was dyni Händ eraarbeite, das daarfsch duu gwüss gniesse.
Syg glügglig, duu hesch es doch guet!

3   Dyni Frau duet ineren eedle Wyydruube glyyche.
Sy dräit Frücht im Innere vo dym Huus.
Dyni Kinder sin wie Driib vom enen Öölbaum –
um dy Disch umme wäärde sy grooss.

4   Lueged dä greftigi Maa, äär wiird gsäägned syy!
Äär duet im HEER nämmlig mid Eerfuurcht begeegne.

5   Dr HEER söll dy vom Zion häär säägne!
Drno wiirsch duu s Glügg vo Jerusalem
alli Daag vo dym Lääbe see.

6   Drno wiirsch duu die Kinder see, wo dyne Kinder geboore wäärde.

Friide syg über Israel!

129

1   E Bsalm für en Uffstiig zum Dämpel.

«Vylmoll hän sy my aagfinded vo Jugend uf»,
esoo söll Israel reede!

2 «Vylmoll hän sy my aagfinded vo Jugend uf,
aber sy hän my nid können in d Gnöi zwinge.

3 Statt dr Pflueg über iren äigenen Agger z zie
hän sy uf mym Rugge pfliegt. Joo, langi Fuurche hän sy zooge.

4 Aber dr HEER het mr zum Rächt verholfe.
D Strigg vo de Frääfler het er duure drennt.

5 Sy söllen enttüscht wäärden und zrugg wyyche –
sii alli, wo dr Zion hasse dien!

6 Iine söll s goo, wie im Graas uf de Dächer:
Bevoor me s usrysse duet, isch es scho verdöört.

7 Wäär s schnyyde duet, het kuum öppis in dr Hand.
Wäär s sammle duet, macht sy Däsche nid voll.

8 Und wäär vrbyy kunnt, goot vrbyy ooni Griezi z saage.
Käine säit: «Dr Sääge vom HEER syg mid öich.»

Aber miir säägnen öich im Naame vom HEER!

130

1 E Bsalm für en Uffstiig zum Dämpel.

Dieff us em Abgrund uuse, HEER, duen y dy rieffe.

2 «My GEBIETER, höör myni Schrei nach Hilf!
Dyni Oore söllen ufbasse.
Due hööre, wien ych um Gnad bättle due.

3 Wenn duu, HEER, d Verfäälige zelle däätsch:
My GEBIETER, wär könnt vor diir bestoo?

4 Aber bi diir liggt d Graft vom Vergää.
Wäge däm duet me diir mid Eerfuurcht begeegne».

5   Yych hoff uf dr HEER.
    Voll langer Zyt hoff ych uf iin
    und waart uf sy Woort.

6   Voll langer Zyt wart ych uf dr GEBIETER,
    meer as d Wächter uf e Moorge –
    joo, meer as d Wächter uf e Moorge.

7   Esoo söll au Israel uf dr HEER waarte!
    Numme bim HEER ka me nämmlig Gnaad finde.
    Bi iim isch vyyl Erlöösig vorhande.

8   Joo, äär sälber wiird Israel erlööse vo
    allen ire Verfäälige.

131

1   E Lied für en Uffstiig zum Dämpel.
    Mid em David verbunde.

    HEER, Hoochmuet het in mym Häärz käi Blatz.
    In mynen Auge liggt käi Überheebligkäit.
    Ych ha my nid mid Sachen abgää,
    wo z grooss und z wunderbaar sin für mii.

2   Villmee bin y glassener woorde.
    Esoo isch my Seel jetz rueiger.
    Wien e gstillts Kind, wo bi sym Mammi isch –
    wien e sottigs Kind isch my Seel.

3   Grad esoo soll au Israel uf e HEER waarte,
    vo hüt aa bis in alli Zuekunft!

132

1   E Lied für en Uffstiig zum Dämpel.

Due an David dängge, HEER,
wien äär het unde duure miesse.

2   Daas het er im HEER gschwoore –
im staargge GOTT vom Jakob versproche gha:

3   «Ich gang nid ins Zält vo mynere Famylien yynen
und due my döört nid uf s Bett leege.

4   Käi Schloof duen ych mynen Auge gönne.
Nid emoll für e kuurze Schlummer d Wimpere sängge.

5   Soo lang nid, bis ych für e HEER e Blätzli gfunde ha –
e Woonig für e staargge GOTT vom Jakob.»

6   Lueged doch, in Efrata hämmer vo dr Laade ghöört!
Im Gebiet vo Jaar hämmer sy drno gfunde.

7   Löönd ys zu synere Woonig goo!
Löönd ys aabätten am Scheemel vo syne Fiess!

8   Kumm, HEER, zu dym Rueblatz,
zämme mid dr Laade vo dynere Macht!

9   Dyni Brieschder sölle Grächtigkäit aaleegen
und die, wo Gnaad griegt hän, sölle juuchzge!

10   Dängg an dy Gnächt, dr David, wo du gsalbt gha hesch.
Duen en nid zrugg wyyse, wenn er zue dr kunnt!

11   Dr HEER het em David Dröi'i gschwoore –
käi äinzigs Woort drvoo nimmt er zrugg:
«Vo dyne lyyblige Noochkomme
will ych äinen uf dy Droon setze!

12 Dyni Söön aber sölle my Bund halten
und myni Voorschrifte, won y sy leere due.
Wenn sy daas mache dien, drno wäärden au iri Söön
für immer uf em Droon sitze.»

13 Joo wiirgglig, dr HEER het dr Bäärg Zion usgwäält,
er het en sich als Woonsitz gwünscht.

14 Dasch my Ruestatt für immer.
An däm Oort will ych gäärn woone.

15 Was in dr Stadt Zion uf e Disch kunnt, duen y sicher säägne.
Und iri Aarme mach ych satt mid Broot.

16 Ire Brieschder duen y s Häil wien e Gläid aazie,
und die, wo Gnaad griegt hän, sölle juuchzge!

17 Döört lon y für e David d Macht wiene Hoorn waggse,
döört han y für my Gsalbten e Lüüchte beräitgstellt.

18 D Schand lon y syne Find wie Gläider draage.
Aber über iim wird sy Groone glänze.

133

1 E Lied für en Uffstiig zum Dämpel. Mid em David verbunde.

Lueged emoll, wie guet und wie lieblig s isch,
wenn d Briedere wiirgglig im Friide zämme woone.

2 S isch wien e köschtligs Salbööl uf em Kopf.
S dropft aaben uf e Baart, uf e Baart vom Aaron
und vo döört über sy Gwand.

3   S duet eso wool wie dr Tau vom Hermon,
    wo aabe fliesse duet uf d Bäärge vo Zion.
    Joo wiirgglig, döört schänggt dr HEER sy Sääge:
    Er verhäisst Lääbe bis in alli Zuekunft.

134

1   E Lied für en Uffstiig zum Dämpel.

    Mached öich uff, diend dr HEER loobe!
    alli, ir Gnächt vom HEER,
    won er im HEER sym Huus in dr Nacht sind.

2   Hebed öiri Händ uf zum Häiligdum
    und diend dr HEER bryyse!

3   Dr HEER söll dy vom Zion här säägne!
    Äär, wo dr Himmel und d Äärde gmacht het.

135

1   Halleluja – Diend dr HEER bryyse!

    Diend dr Naame vom HEER loobe.
    Loobed en, iir, wo für e HEER Dienscht mached!

2   Iir stöönd doch im HEER sym Huus,
    in de Hööf am Huus vo unserem GOTT.

3   Diend dr HEER loobe! Dr HEER isch nämmlig guet.
    Bryysed sy Naame! Er glingt nämmlig schöön.

4   Joo, dr HEER het dr Jakob erwäält.
    Israel isch sy bsunders Äigedum.

5   Joo, ych wäiss: Der HEER isch gross!
    Unsere GEBIETER isch gröösser als alli Götter!

6   Alles, wo im HEER gfalle duet, fiert er us –
    im Himmel und uf dr Äärde,
    in de Meer und in de Fluete vo dr Unterwält.

7   Er loot Wolggen ufstyyge vom Rand vo dr Äärde.
    Er loot Blitz aabe faaren im Gwitterräägen
    und holt dr Stuurmwind us synere Voorrootskammere.

8   In Egypte het er die, wo zeerscht geboore sin, lo erschloo loo –
    bi de Mensche wie bim Vee.

9   Er het Zäichen und Wunder gschiggt
    zmits yyne in s Land Egypte –
    gege dr Pharao und alli syni Gnächt.

10 Vyyli Völgger het er besyygt
    und mächtigi Könige dööted.

11 Dr Sihon, dr König vo den Amoriter,
    und dr Og, dr König vo Baschan.
    Königryych het er in ganz Kanaan eroobered.

12 Ir Land het er zum Eerbbsitz ergläärt –
    zum blyybende Bsitz für s Volgg Israel.

13 HEER, dy Namme blybt für immer bestoo.
    An dii, HEER, wird me sich erinnere vo Generazyoon zu Generazy

14 Dr HEER schafft Rächt für sy Volgg
    und isch barmhäärzig mid syne Gnächt.

15 Aber d Götze vo de fremde Völgger sin nummen us Silber und Gol
    e Wäärgg, vo Menschehänd gmacht.

16 Sy hän e Muul, aber sy könne nid reede.
    Sy hän Auge, aber sy könne nid luege.

17 Sy hän Ooren, aber sy hööre nüt.
Und gaar e käi Lääbenspfuus isch in irem Muul.

18 Genau esoo söllen au d Handwäärgger syy, wo die Götze gmacht hän –
joo alli, wo uf iri Macht vertraue dien.

19 Ir vom Huus Israel bryysed dr HEER!
Ir Noochkomme vom Aaron bryysed dr HEER!

20 Ir Noochkomme vom Levi bryysed dr HEER!
Iir, won er dr HEER vereere diend, bryysed dr HEER!

21 Dr HEER, wo in Jerusalem woone duet, söll globt syy!

Halleluja – Diend dr HEER bryyse!

136

1 Dangged em HEER, äär isch nämmlig guet!
Joo, für immer blybt sy Gieti bestoo.

2 Dangged däm GOTT, wo über alle Götter stoot!
Joo, für immer blybt sy Gieti bestoo.

3 Dangged däm GEBIETER, wo über alle GEBIETER stoot!
Joo, für immer blybt sy Gieti bestoo.

4 Äär eläi macht groossi Wunder.
Joo, für immer blybt sy Gieti bestoo.

5 Äär het dr Himmel mid Gschigg gmacht.
Joo, für immer blybt sy Gieti bestoo.

6 Äär het d Äärden über em Wasser fescht gmacht.
Joo, für immer blybt sy Gieti bestoo.

7   Äär het die groosse Liechter gschaffe:
     Joo, für immer blybt sy Gieti bestoo.

8   D Sunne – sy herrscht über dr Daag.
     Joo, für immer blybt sy Gieti bestoo.

9   Dr Mond und d Stäärne – sy herrschen über d Nacht.
     Joo, für immer blybt sy Gieti bestoo.

10   In Egypte het er jeedi Eerschtgebuurt dootgschlaage.
     Joo, für immer blybt sy Gieti bestoo.

11   Äär het Israel us dr Mitti vo Egypten uuse gfiert.
     Joo, für immer blybt sy Gieti bestoo.

12   Mid ere staargge Hand und mid usgstreggtem Aarm!
     Joo, für immer blybt sy Gieti bestoo.

13   Äär het s Schilfmeer in zwäi Däil gspalte.
     Joo, für immer blybt sy Gieti bestoo.

14   Zmits duure het er d Israelite lo zie loo.
     Joo, für immer blybt sy Gieti bestoo.

15   Aber dr Pharao und sy Heer het er ins Meer driibe.
     Joo, für immer blybt sy Gieti bestoo.

16   Äär läited sy Volgg dur d Wieschti.
     Joo, für immer blybt sy Gieti bestoo.

17   Äär het groosi Könige besyygt.
     Joo, für immer blybt sy Gieti bestoo.

18   Und er het gwaltigi König dööted.
     Joo, für immer blybt sy Gieti bestoo.

19   Dr Sihon, dr König vo den Amoriter.
     Joo, für immer blybt sy Gieti bestoo.

20   Und dr Og, dr König vo Baschan.
     Joo, für immer blybt sy Gieti bestoo.

21   Aber ir Land het er zum Eerbbsitz ergläärt.
     Joo, für immer blybt sy Gieti bestoo.

22 Zum Eerbbsitz für Israel, sy Gnächt.
Joo, für immer blybt sy Gieti bestoo.

23 Wo mr am Boode glääge sin, het er an uns dänggt.
Joo, für immer blybt sy Gieti bestoo.

24 Äär het uns vo unsere Fründ befreit.
Joo, für immer blybt sy Gieti bestoo.

25 Mensch und Dier duet er mid Ässe versoorge.
Joo, für immer blybt sy Gieti bestoo.

26 Dangged iim, em GOTT vom Himmel!
Joo, für immer blybt sy Gieti bestoo.

137

1 An de Kanääl vo Babylon:
Döört simmer zämme ghoggt und hän brieelt,
wo mr an dr Zion dänggt gha hän.

2 Unseri Handhaarfe hämmer ewägg ghänggt gha,
an d Bappele zmits in dr Stadt.

3 Döört hän nämmlig unseri Bewacher verlangt:
Mir Griegsgfangene hätte sölle singe.
Die wo uns gschunde gha hän, han ys zr Frööligkäit zwunge:
«Diend uns doch äins vo öire Zionslieder singe!»

4 Aber wie könnte miir für e HEER singen
imene Land, wo fremde Götter diene duet?

5 Wenn y dy jee vergässe due, Jerusalem,
söll myni Hand s Säitespiil verleere.

6   My Zunge söll am Gaume glääbe,
    wenn ych my nid an dii erinnere due –
    wenn y nid draa dängge due,
    as Jerusalem dr Gipfel vo mynere Fröid isch!

7   Erinnere dy, HEER, was d Edomiter gmacht gha hän,
    an däm Daag, wo Jerusalem eroobered woorden isch!
    Sy hän grueffe: «Schlöönd sy zämme, die Stadt!
    Mached sy boodeneebe, bis uf s Fundamänt!"

8   Dochter Babylon, duu wo alles vernichte duesch!
    Glügglig syg, wär sy diir häim zaale duet –
    die Gwalt, wo duu uns aadoo gha hesch.

9   Glügglig syg, wär dyni Kinder phaggt
    und sy am Felse verschmättere duet!

138

1   Mid em David verbunde.

    Ych dangg dr vo ganzem Häärze.
    Für dii will y Lieder spiile voor dr versammlede Götterschaar.

2   Zu dym häilige Dämpel aane fall ych uf d Gnöi.
    Esoo will y dr dangge für dy Naame wäge dynere Gnad und Dröi'i.
    Mid dym Naamen und dym Woort hesch duu uns gross gmacht.

3   Won y zue dr grueffe gha ha, hesch duu mr Antwoort gää.
    Esoo duesch duu mynere Seel wider nöi Graft gää.

4   D Könige vo dr ganze Wält sölle diir dangge, HEER,
    sy hööre dyni Woort nämmlig us dym Muul.

5   Sy sölle singe vom HEER syne Wääg:
    «Grooss isch dr HEER in synere Heerligkäit!

6   Joo wiirgglig, wyt oobe stoot dr HEER, aber er seet dr Gringi –
    wyt ooben, aber er duet dr Hoochmietigi vo wyt ewägg erkenne!»

7   Sogaar wenn ych zmits dur Gfoore goo muess,
    haltsch duu my am Lääbe, au wenn myni Find vor Döibi doobe dien.
    Du duesch d Hand gege sy usstregge.
    Esoo wiird dy staarggi Hand my rette.

8   Dr HEER bringt my Sach zumene gueten Ändi.
    Dy Gieti, HEER, blybt für immer bestoo.
    Lo nid ab vo allem, wo dyni Händ mache dien.

139

1   Für e Choorläiter. Mid em David verbunden e Bsalm.

    HEER, du hesch my theschted und kennsch my ganz gnau.

2   Ob ych sitz oder stoo: Duu wäisch es.
    Myni Absicht duesch duu vo wyt ewägg erkenne.

3   Ob y gang oder rueie due: Duu meerggsch es!
    Alli myni Wääg sin dr bekannt.

4   No liggt mr käi Woort uf dr Zunge,
    scho wäisch duu, HEER, was ych saage will.

5   Vo hinden und voorne hesch du mii umschlosse.
    Und dy Hand hesch duu uf my gleggt.

6   Zue wunderbaar isch das Wüsse für mii.
    S isch mr z hooch: Ych ka s nid fasse.

7   Wo aane könnt ych goo vor dym Gäischt,
wo aane flüchte vor dynere Geegewart?

8   Wüürd ych in Himmel uffe styyge: Duu bisch döört.
Würd ych mii in dr Unterwält unde verstegge: Döört bisch duu au.

9   Hätt y Flüügel und könnt y fliege bis zum Moorgeroot uffe,
döört aane hogge, wo d Sunnen im Meer versingge duet:

10   Sogaar döört nimmsch du mii an dy Hand
und duesch dy staarggen Aarm um my leege.

11   Drum saag y: «Joo, d Finschdernis mag my aagryyffe!
Nacht ka my umhülle wie sunscht s Liecht!»

12   Für dii isch d Finschternis nämmlig gaar nid finschter.
Und d Nacht lüüchted für dii so häll wie dr Daag.

13   Joo wiirgglig, duu hesch myni Nieere gmacht,
duu hesch my Köörper im Buuch vo mynere Mamme gwoobe.

14   Ych dangg dr und bryys dy drfüür, as yych eso wunderbaar gmacht
Äifach wunderbaar sin dyni Wäärgg,
und mynere Seel isch daas seer bewusst.

15   Nüt isch vor diir versteggt gsii vo mym Köörper sym Bau,
won y gmacht woorde bi im Versteggte –
e bunts Gwääb, gwooben in de Dieffe vo dr Äärde.

16   Ych bi no ungfoormt gsii und scho hän dyni Auge my Wääse gsee -
und in dym Buech wäärde sy alli zämmen yyne gschriibe syy:
Die Dääg, wo gmacht gsii sin, no bevoor yych uf dr Wält gsii bi.

17   Wie koschtbaar aber simmer dyni Absichte, GOTT!
Wie gwaltig sin sy doch in irem Ganze!

18   Wenn y sy zelle möchti: s sin mee als dr Sand.
Wäär y drmit an en Ändi koo: No immer bin y bi diir.

19   Ych wünschti miir, as duu die Gottloose dööte däätsch, GOTT!
«Ir Möörder, mached as er fuurt kömmed!»

20   Joo, sy dien sich bööswillig uflääne geege dy,
sy dien sich abgschlaagen uflääne – dyni Find!

21 Sii hasse dy, HEER! Jä, sött yych sy denn nid hasse?
Söll s mii vor dääne, wo gege dii sin, nid gruuse?

22 Joo, ych due sy hasse voll Begäischterig.
Zu Finde sin sy au für mii woorde.

23 Due my studieere, HERR und lueg my Häärz aa!
Due my theschten und begryff, was ych dängge due!

24 Lueg doch, ob y uf em Holzwääg bi
und fier my uf em Wääg, wo Zuekunft het!

140

1 Für e Choorläiter. Mid em David verbunde. E Bsalm.

2 Due my rette, HEER, vor bööse Mensche!
Vor Hitzköpf, wo Gwalt aawände dien, due my bhiete.

3 Sii, wo böösi Absichten im Häärz draage,
dr ganzi Daag föön sy immer wider a mid nöiem Stryt.

4 Gföörlig züngle sy wie d Schlange.
Gift vo dr Hoornvypere steggt unter ire Lippe.

Sela

5 Bewaar my, HEER, vor de Füscht vo de Gottloose!
Vor Hitzköpf, wo Gwalt aawände dien, due my bhiete.
Die wän doch numme, as y uf d Schnuure gheie due.

6 Versteggt hän die Hoochnääsigen e Glabbnetz für mii.
Sy hän e Netz mid Fuessschlingen am Wäägrand usgleggt.
Fanghölzer hän sy mr ufgstellt.

Sela

253

7   Yych aber due zum HEER saage: «Duu bisch my GOTT!
Loos doch, HEER, uf my bättle!

8   HEER, my GEBIETER, my staargge Schutz:
du hesch my abgschiirmt, wo d Waffe greeded hän.

9   Gib de Glüscht vo de Gottloose nid nooch, HEER!
Los ene nid glinge, was sy im Schild fiere dien!

Sela

10   S Gift, wo sy um my umme versprütze dien –
s Unhäil, wo über iri Lippe kunnt söll über sii sälber yynebräche!

11   Falle söllen uf sy Koole, wo glieie dien.
Sy söllen in Wasserlöcher yyne gheie, as sy nümmen ufstoo könne.

12   Wäär böös über anderi schnuure duet, söll uf dr Äärde käi Bestand
Wäär Gwalt aawände duet, dä söll s Bööse jaage Schlaag uf Schlaa

13   Ych wäiss, für waas dr HEER stoot:
Äär verhilfft den Aarmen und Eelände zu irem Rächt.

14   Joo, die Grächte wärde dy Naame loobe.
Blyybe wäärde vor dym Gsicht die Uffrichtige.

141

1   E Bsalm, mid em David verbunde.

HEER, ych ha zue dr grueffe. Kumm schnäll!
Y bitt dy, loos uf my Stimm, wenn y zue dr rieffe due.

2   My Bittgebätt söll vor diir Bestand ha wie dr Duft vo Weirauch.
Wie s Opfer am Oobe, wenn y myni Händ zum Bätten ufheebe due

3   Y bitt dy, stell e Wach vor my Muul, HEER,
     e Boschten an d Düüre vo myne Lippe!

4   Lo my nid emoll in Gedanggen an e böösi Sach dängge,
     geschwäige denn gar böösi Sache mache.
     Ych will nüt z due ha mid den Üübeldääter.
     Vo ire Bettmümpfeli mag y nid brobiere.

5   Wenn my e Grächte stroofe duet, drno isch daas e Gnaad.
     Und sott er my so richtig sänggle, drno isch daas Balsam für my Seel.
     Doo drgeege duen y nid broteschtiere.
     My Bittgebätt richted sich numme gege die, wo mr schaade wän.

6   Die miessten ire Richter in d Händ falle!
     Drno wüürde sy höören und meergge, wie fründlig s gmäint isch.

7   Wie wenn äine dr Boode pfliegen und ufwiele duet,
     esoo sin unseri Gnoche verströit bis an Yygang vom Dooteryych.

8   Myni Auge luege nadüürlig zu diir, HEER!
     Bi diir han y d Hilf. Schigg my Seel nid dr Bach ab.

9   Bewaar my vor de Büügel vom Glabbnetz, wo sy ufgstellt hän –
     und vor den andere Fallhölzer vo den Üübeldääter.

10   Sy sölle sich in iren äigenen Netz verfange, die Gottloose –
     alli zämme – bis ych sälber unschiniert vrbyy goo ka.

142

1   E Wyyshäitslied, mid em David verbunde,
     syynerzyt, won er in dr Hööli ghoggt isch.
     E Bittgebätt.

2   Us diefschter Bruscht schrei ych zum HEER.
Mid luter Stimm duen yych bim HEER um Gnaad bättle.

3   Ych due vor iim my Häärz usschütte.
My Noot duen y vor iim glaage.

4   Au wenn y alle Muet verliere sotti –
duu wäisch allewyyl en Uswäg für mii.
Uf em Wääg, won y ha goo miesse,
hän sy e Glabbnetz für my versteggt gha.

5   Y lueg nach rächts und meergg:
Wyt und bräit isch käi Fründ umme!
Verlooren isch mr my Schutzoort gange,
käinen isch umme, wo sich um my kümmered.

6   Doo han y halt gschraue zum HEER.
Ych ha gsäit: «Duu bisch doch my Zueflucht!
Numme dii han y im Land vo de Lääbige!»

7   Loos doch uf my Joomere!
Yych bi nämmlig völlig hilfloos.
Due my vor myne Verfolger rette!
Die sin nämmlig vyyl z staargg für mii.

8   Fier my uusen us em Keefig vo mym Lääbe,
as ych dy Naame looben und dr dangge ka!
Drno wäärde sich die Grächten um my schaare,
wenn duu mr Guets mache duesch.

143

1   E Bsalm. Mid em David verbunde.

HEER, loos uf my Bittgebätt!
Due dyni Ooren ufmache für my Bättle!
Gib mr en Antwoort! In dynere Dröi'i und mid dynere Grächtigkäit

2   Gang nid ins Gricht mid dym Gnächt!
    Vor diir isch nämmlig überhaupt käi Mensch grächt.

3   Joo, dr Find het my verfolggt.
    Er het my Lääbe dur e Drägg zooge gha,
    yyne gheit in s dieffschte Loch – wie die, wo für immer doot sin.

4   Ych ha alle Muet verloore.
    My Häärz isch wie verwelggt und leer in miir.

5   Ych ha noochedänggt über die vergangene Zyte.
    Myni Gedangge hän gräist um alles umme, wo duu gmacht hesch.
    Y due immer wider sinnieren über s Wäärgg vo dyne Händ.

6   Do han y myni Händ diir entgeege gstreggt.
    My Seel isch wien en ussdroggnete Boode voll Langyzyt gsii.

    Sela.

7   Gib mr bald en Antwoort, HEER!
    Ych verlieer no alle Muet.
    Due dy nid vor miir verstegge!
    Sunscht goot s mr wie dääne, wo in d Grueben aabe faare dien!

8   Lo my am Moorge dy Gnaad erlääbe,
    uf dii duen y nämmlig verdraue.
    Due mr dr Wääg wyyse, won y goo söll.
    Zu diir nämmlig duet my Seel uffe luege.

9   Rett my vor myne Find, HEER!
    Bi diir suech ych nämmlig Schutz.

10 Due my leere, as y daas mach, wo diir gfalle duet.
    Duu bisch nämmlig my GOTT!
    Dy guete Gäischt söll my fieeren
    uf eebenem Booden uf graadem Wääg.

11 HEER, du duesch my am Lääben erhalten in dym Naame.
    In dynere Grächtigkäit fiersch my Seel us dr Bedrängnis uuse.

12 In dynere Gieti duesch duu myni Find vernichte.
Und alli, wo my Seel bekämpfe dien, duesch duu ussrotte.
Yych bi nämmlig die Gnächt.

144

1 Mid em David verbunde.

Bryyse syg dr HEER, my Felse!
Er zäigt myne Händ, wie me kämpfe duet –
myne Finger, wie me mid Waffen umgoot.

2 My Gnaad und my Buurg,
my Feschtig und my Retter.
My Schild – joo, bi iim bin y geboorge.
Bi iim, wo d Völgger mynere Heerschaft unterwiirft.

3 HEER, was isch dr Mensch,
as duu dy um iin kümmere duesch?
Was isch e Menschekind wäärt,
as duu s beachte duesch?

4 Dr Mensch glyycht doch emene Huuch.
Syni Dääg husche vrbyy wien e Schatte.

5 HEER, mach dr Himmel schreeg und styg obenaabe!
Due d Bäärge beriere, as sy aafange rauche!

6 Due Blitz schlöideren und d Find verströie.
Schiess dyni Pfyyl ab und jag sy usenander.

7 Due mr dyni Händ us dr Hööchi entgeege stregge!
Due my retten und ryss my uusen us de Wassermasse –
us de Händ vo de fremde Heerscher!

8   Wenn sy s Muul ufmache, drno liege sy.
      Kunnt s zum Handschlaag, drno düüsche sy.

9   GOTT, e ganz e nöis Lied will y für dii singe.
      Uf dr Standhaarfe mid de zää Säite will y diir spiile:

10   «Äär schänggt de Könige dr Syyg!
      Äär duet dr David rette, sy Gnächt, vor em bööse Schwäärt!»

11   Joo, due my retten und ryss my uusen
      us dr Gwalt vo de fremde Heerscher!
      Wenn sy s Muul ufmache, drno liege sy.
      Kunnt s zum Handschlaag, drno düüsche sy.

12   Unseri Buebe sin wie Setzlig vo Pflanze,
      wo aane waggse dien in dr Zyt vo irere Juugend.
      Unseri Mäitli sin wie schlanggi Süüle,
      wom en us Holz gschnitzt het am Balascht.

13   Unseri Voorrootsammere sin voll an Voorrööt
      vo jeegliger Aart.
      Unser Gläivee vermeert sich dausigfach,
      jo, zäädausigfach uf unsere Wäide.

14   Unseri Rinder sin fruchtbaar und drächtig.
      S git käini Verlüscht und käini Fäälgebuurte.
      Me höört käi Joomeren us unsere Döörfer.

15   Glügglig briisen isch das Volgg, wo s e soo drum stoot!

      Glügglig briisen isch das Volgg, wo dr HEER sy GOTT isch!

Ussgang

Bsalme 146 - 150   Bsalme ooni Nääme vo Phersoone

Bsalm 150, 6   D Loobbryysig vom HEER

Alles, wo dr göttligi Fungge[16] het, söll en loobe, rieme, bryyse!

Halleluja – Diend dr HEER bryyse!

Bsalm 150,6

---

[16] S goot doo jo um dr «Oodem vom Lääbe», wo dr HEER de Menschen yybloose het. Dää Ussdrugg wir kuum me verstande. S goot au nid um alles, wo schnuufe duet, sondern um e Mensch, wo dr göttligi Fungge bekoo het. Drum duen y daas esoo überdraage.

145

1   E Bryysig. Mid em David verbunde.

       (א) Hooch über alles will y dy loobe, my GOTT und König!
       Ych will dy Naame loobe für immer und eewig.

2   (ב) An jeedem Daag will y dy loobe!
       Ych will dy Naame bryyse für immer und alli Zyt.

3   (ג) Grooss isch dr HEER und er verdient s höggschte Loob.
       Niemerts ka hinter sy Gröössi koo.

4   (ד) Generazyoon um Generazyoon söll dyni Määrgg riemen
       und verzelle vo däm, wo duu in dynere Macht gmacht hesch.

5   (ה) D Bracht vo dynere heerligen Erschyynig,
       d Gschichte vo dyne Wunder – au die will y an Daag bringe.

6   (ו) Vo dyne gwaltige Daate sölle sy reeden
       und vo dyne groossartige Määrgg will yych verzelle.

7   (ז) S Gedänggen an dyni groossi Gieti söll sy spruudle loo
       und juuchzge sölle sy über dy Grächtigkäit.

8   (ח) Gnäädig und barmhäärzig isch dr HEER,
       geduldig ooni Ändi und groos in synere Gieti.

9   (ט) Guet isch dr HEER zu allne
       und sy Barmhäärzigkäit walted über alle syne Määrgg.

10   (י) Looben und dangge sölle diir, HEER, alli dyni Määrgg
       und dyni Gedröie sölle dy bryyse.

11   (כ) Vo dym heerlige Königryych sölle sy reeden
       und vo dyne mächtige Määrgg schwätze.

12   (ל) Esoo hööre d Mensche vo däm, wo dr HEER gmacht gha het
       und vo dr Bracht vo synere heerlige Königsheerschaft.

13 (מ) Dy Königsheerschaft isch e Heerschaft für alli Zyten
und dy Heerschaft goot vo Generazyoon zu Generazyoon.

(נ) Zueverlässig isch dr HEER in allem, was er säit
und gietig in allem, was er mache duet.

14 (ס) Dr HEER stützt alli, wo umgheie könnte.
Und alli, wo am Boode sin, duet er wider uffrichte.

15 (ע) D Auge vo allne luegen uf dii.
Duu gisch ene s Ässe, wenn Zyt drzue isch.

16 (פ) Duu machsch dy Hand uf
und alles, wo lääbe duet, wiird drvoo satt.

17 (צ) Grächt isch dr HEER in allem, won er unternimmt.
Und er isch gietig in allem, won er mache duet.

18 (ק) Nooch isch dr HEER allne, wo zuen em rieffe dien,
all dääne, wo uffrichtig zuen em rieffe.

19 (ר) Wooldaate schänggt er dääne, wo Eerfuurcht vor em hän.
Er duet ir Gschrei höören und retted sy.

20 (ש) Bewaare duet dr HEER alli, won en gäärn hän.
Aber alli Gottloose wird er ussrotte.

21 (ת) Zum Loobbryys vom HEER mach y my Muul uf
und loobe söll alles, wo lääbe duet, sy häilige Naame für immer
und ewig.

146

1   Halleluja – Diend dr HEER bryyse!

    Due dr HEER loobe, my Seel!

2   Ych will dr HEER bryyse my ganzes Lääbe lang!
    Mym GOTT will y singe, so lang s my git!

3   Diend öich nid uf d Heerelüt verloo!
    Daas sin numme Mensche, bi dääne git s käi Hilf!

4   Wenn dääne dr Pfuus ussgoot, wäärde sy wider zu Drägg.
    Drno isch s vrbyy mid ire hoochgstochene Blään.

5   Glüggbryysig däm, wo dr GOTT vom Jakob zum Hälfer het –
    wo syni Hoffnig uf e HEER setze duet, uf sy GOTT!

6   Äär het dr Himmel und d Äärde gmacht gha,
    s Meer und alles, wo sich drin beweege duet.
    Äär halted fescht an synere Dröi'i für alli Zyte.

7   Äär verhilft den Unterdruggte zum Rächt.
    Äär verdäilt Broot an die, wo Hunger lyyde.
    Dr HEER macht die Gfangene frei.

8   Dr HEER macht, as die Blinde wider see können.
    Dr HEER duet die, wo am Boode sin, wieder ufstelle.
    Dr HEER het die Grächte gäärn.

9   Dr HEER duet die Fremde schütze.
    Witfrauen und Wäise hilft er immer wider uff,
    dr Wääg vo de Böösen aber macht er grumm.

10   Dr HEER herrscht als König für immer.
    Er isch dy GOTT, Zion und blybt s vo Generazyoon zu Generazyoon!

    Halleluja – Diend dr HEER bryyse!

147

1   Halleluja – Diend dr HEER bryyse!

Joo, s isch köschtlig, musiziere für unsere GOTT.

S duet wool und döönt schöön, son e Bryysig:

2   Dr HEER duet Jerusalem ufbauen
und bringt die Versprängten vo Israel immer wider zämme.

3   Er duet die mid eme brochene Häärz häilen
und offeni Wunde verbindet er.

4   Er kennt d Zaal vo de Stäärnen
und säit jedem sy Naame.

5   Gross isch unsere GEBIETER und voller Graft.
Sy Wyyshäit isch gränzeloos.

6   Dr HEER hilft däm uf, wo am Booden liggt,
aber die Gottloose hoolt er zrugg uf e Booden aabe.

7   Singed em HEER bim Danggopfer e Lied!
Spiiled für unsere GOTT mid dr Handhaarfe!

8   Äär duet dr Himmel mid Wolgge zuedegge.
Äär legt fescht, wenn dr Räägen uf d Äärde falle duet.
Äär loot uf de Bäärge s Graas lo spriesse.

9   Im Vee git er sy Broot.
Dien die junge Raabe kräie, duet er sy fietere.

10   D Steerggi vo de Schlachtross macht em käi Yydrugg.
d Musggelgraft vo de Kämpfer duet em nid gfalle.

11   Was em HEER gfalle duet, sin Mensche wo eerfüürchtig sin,
Mensche, wo uf sy Gnaad hoffe dien.

12   Jerusalem, due dr HEER rieme!
Due dr GOTT bryyse, Zion!

13 Äär het nämmlig d Riigel vo dyne Düüre fescht gmacht,
   gsäägned het er d Kinder in dynere Mitti.

14 Friide duet er in dyne Gränze schaffe.
   Mid em beschte Wäize macht er dy satt.

15 Äär schiggt sy Woort uf d Äärden aabe.
   Waas äär befiilt, basiert sofort.

16 Er schiggt Schnee wie Wulle,
   dr Rauryff ströit er wie Äschen us.

17 Yysbrogge loot er im Haagel aabe koo.
   Vor sym Froscht – wäär ka bestoo?

18 Er schiggt sy Woort und s Yys duet schmelze.
   Er loot dr Wind drüber wäie – und s Wasser fangt wider aa fliesse.

19 Im Jakob het er sy Woort gschänggt,
   syni Gsetz und syni Wyysige.

20 Esoo het er s mid käim andere Volgg gmacht.
   Drum kenne sy syni Rächtsbestimmige nid.

   Halleluja – Diend dr HEER bryyse!

148

1 Halleluja – Diend dr HEER bryyse!

   Bryysed en vom Himmel häär:
   Diend en loobe in de himmlische Hööchene!

2 Diend en bryyse, alli syni Ängel!
   Diend en looben, alli syni Heerschaare!

3 Loobed en, Sunnen und Moond!
   Bryysed en, ir Stäärne wo funggle!

4   Loobed en, ir himmlische Rüüm
    und ir Wasser, wo über em Himmel sin!

5   Bryyse sölle sy dr Naame vom HEER.
    Sy Befääl het sy nämmlig in s Lääbe grueffe.

6   Äär het sy für immer an ire Blatz gstellt.
    Er het enen en Oornig gää, wo nid vrbyy goo duet.

7   Bryysed dr HEER vo dr Äärden us,
    ir Seeunghüür und Fluete vo dr Uurzyt,

8   Blitz und Haagel, Schnee und Nääbel,
    ir Stuurmwind, wo uf sy Woort folge diend.

9   Bryysed en, ir Bäärgen und Hüügel,
    ir Obschtböim und Wälder us Zeedere –

10 ir wilde Dier und alles Vee,
    ir Griechdier und Vöögel mid Fäädere.

11 Loobed en, ir Könige vo dr Wält und alli Völgger,
    ir Heerscher und alli Richter vo dr Äärde –

12 ir junge Männer und au ir junge Fraue,
    ir alten und junge Lüt midenander!

13 Bryyse sölle sy dr Naame vom HEER.
    Hooch über allem stoot nämmlig sy Naame.
    Sy Heerligkäit überstraalt d Äärden und dr Himmel.

14 Und sym Volgg het er Macht gschänggt,
    Isch daas nid e Loobbryys für alli,
    für die dröien Israelite? Sy sin doch s Volgg, wo iim nooch stoot.

    Halleluja – Diend dr HEER bryyse!

149

1   Halleluja – Diend dr HEER bryyse!

Singed em HEER e nöis Lied –
e Loobbryys in dr Versammlig, wo die Fromme zämme kömme!

2   Israel söll sich fröien an sym Schöpfer!
D Kinder vo Zion sölle juublen über ire König

3   Danzed im Ringelum, loobed fröölig sy Naame!
Spiiled für iin mid dr Handdrummlen und dr Handhaarfe!

4   Im HEER duet nämmlig sy Volgg gfalle.
Er duet die, wo gniggt sin mid sym Häil heerlig mache.

5   Die Fromme sölle juuble zu syneren Eer.
Sy sölle juuchzgen uf ire Liigebetter.

6   Bryysige für e GOTT fiere sy in irem Muul
und e zwäischnyydigs Schwäärt in irere Hand.

7   Esoo wärde sy d Völgger zur Rächeschaft zie,
d Nazyoone wäärde sy aagmässe bestroofe.

8   Iri Könige wäärde sy mid Strigg fesslen
und iri Machthaaber in yysigi Kettene leege.

9   S Uurtäil wärde sy an iine vollstregge, wie s gschriibe stoot.
Soo zäigt sich sy Glanz in dr Wält für alli die, wo iim dröi sin.

Halleluja – Diend dr HEER bryyse!

150

1   Halleluja – Diend dr HEER bryyse!

Bryysed en in sym Häiligdum!
Bryysed en im Himmelsgwölb vo synere Macht!

2   Bryysed en für syni mächtige Daate!
Bryysed en für sy gränzeloosi Gröössi!

3   Bryysed en mid em Schall vom Widderhoorn!
Bryysed en mid em Klang vo de Standhaarfen und de Handhaarfe!

4   Bryysed en mid dr Handdrummlen und im Runddanz!
Bryysed en mid Säitespiil und Flööte!

5   Bryysed en mid em Glang vo de gläine, hälle Zimble!
Bryysed en mid em Gschmätter vo de groose, dunggle Zimble!

6   Alles, wo dr göttligi Fungge het, söll en loobe, rieme, bryyse!

Halleluja – Diend dr HEER bryyse!

BRYYSIGE – D Bsalmen uf Baaseldütsch

NOOCHGEDANGGE[17]

Zue de Begriff

Im Hebräische heisst d Sammlig vo de Bsalme סֵפֶר תְּהִלִּים, «Sephär Tehillim». Das bedütted «S Buech vo de Bryysige».

«Bsalm» kunnt vom griechische ψαλμός, «Bsalmós» und bedütted «Säitespiil» und «Lied». Dasch widerum en Übersetzig vom hebräische מִזְמוֹר «Mizmor», e Woort, wo nummen in de Bsalmen voorkunnt. S bedütted: «e Lied, wo me mid Säitespiil begläite duet».

Im dütsche Sproochgebruuch kunnt au s Woort «Bsalter» – im Griechische ψαλτήριον «psaltarión» – vor. Doo drmit isch e Säiteninschtrumänt gmäint, aber au d Gsamthäit vo de biiblische Bsalme, s Buech vo de Bsalme.

D Bedüttig vom Buech vo de Bsalme

S Buech vo de Bsalme het als Gebätt- und als Gsangbuech e riisigi Bedüttig im Verheltnis vo de glöibige Mensche zum HEER. Und das nid nummen uf dr phersöönligen Ebeni. Au denn, wenn die Gläubige zum Gottesdiensch zämme ko sin, het me zämme bätted und glyychzyttig au gsunge. Me het in de Bryysige die verschiidenschten Erfaarige, wo men im Lääbe gmacht gha het, ufgriffen und mid em HEER besproche. Well d Mensche dur alli Zyte mid verglyychbare Lääbenslaage komfrontiert sin, isch dr Inhalt vo de Bryysigen au nid doot, sondern au hüt no brandaggduell – für d Juude wie für d Grischte. Me darf saage: D Bsalme sin d Antwoort vom Volgg vom HEER uf sy Handlen und Reeden, uf sy Schutz und sy Hilf in allne Lääbenslaage – und nadüürlig au die ständigi Bitt, as er sich wyter allne Bedürfnis vo syne Kinder aanää duet.

---

[17] Mid sym Yyverständnis folg y bi de Noochgedannge über wyti Stregge im Beat Weber sym Artiggel «Die Psalmen – Eine Einführung» (Daate bi dr Aameerggig 19)

Zum Entstoo vom Buech vo de Bsalme

Dr Uffbau vo de Bryysigen im Buech vo de Bsalmen isch nid grad augeschyynlig. Noch hüttige Forschigsergäbnis dürft s esoo syy:

Däilbiecher 1 und 2 (Bsalme 3 bis 72) dien d Zyt vo de Königryych vom David und em Salomo umfasse. S Däilbuech 3 duet d Zyt vom Abfall und vom Verfall beschryyben und verstoot die Gscheenis als e Gricht vom HEER. Und Däilbiecher 4 und 5 dien schliesslig d Zyt vom Exyyl und noch em Exyyl beschryybe, rede vo de Brobleem, wo ufdrätte sin und zäige d Hoffnig uf s Häimkoo, uf dr Bsitz vom Land und uf d Königsheerschaft vom HERR. Wien e roote Faade zäigt uns dr ganzi Bsalter, as dr HEER ys hälffen und ys beschütze wott. Dr Lääser söll und döörf ganz uf e HEER verdraue.

In de Bryysige findet men au …

- Zämmefassigen über d Gschicht vom Gottesvolgg (Bsalm 78; 105-106; 136)

- Aawyysige zumene Lääbe nach em Woort und em Wille vom HEER (Bsalmen 1, 19, 119)

- s Loob über d Schöpfig (Bsalm 8, 19, 104)

- dr Hiiwyys über s Gricht vom HEER (Bsalm 37, 49, 73)

- dr Glauben an die völlig unabhängigi Heerschaft vom HEER über alli Völgger (Bsalm 2, 110)

- s Noochedänggen über s Lääben und dr Dood (Bsalm 89-90)

S Bsunderen an de Bsalme

Vyylfalt und Äinhäit

Wie in käim andere Buech vo dr Biible finde mr im Buech vo de Bsalme d Biiblen im Gläine. Mr hän sy in dr Vyylfalt vo hundertfuffzig äinzelne Bsalme. Mr hän sy aber au yygfasst imene ganze Buech, wo us däre Vyylfalt en Äinhäit, e Ganzhäit mache duet.

Woort, Gebätt, Gsang

D Bsalme sin ys in dr Gstalt vo Woort überliifered. S sin meerhäitlig Gebätt, wo uf dr HEER usgrichted sin. Die Woort und Gebätt sin mid Inschtrumänt zämme gsunge woorden und daas git s au hüt no.

Bezie'ige

Me ka d Bsalmen als Usschnitt us Gsprööch aaluege. Im Voordergrund stoot d Bezie'ig vom äinzelne Mensch oder vo dr menschlige Gmäinschaft (im Gottesdienscht) mid em HEER.

Fremd und drotzdäm nooch

D Bsalme kömme zuen ys us ere fremde und wyt zrugg liigende Wält und Kultuur. Sy sin nid allewyyl lyycht zum verstoo. Sy sin aber irgendwie zytloos und mr können ys mid unsere Brobleem in ene wiider finde. Drum sin d Bsalmen au hüt no ganz modäärn.

Po'etisch und voll vo Bilder

Au wenn daas hüt und in unserer Sprooch nümme ganz augefellig isch: d Bsalme sin äigentlig Gedicht. Sy hän e Väärsform, wo rythmisch isch. Mäischtens sin s Zwäizyyler. (Y ha brobieert, wenigschdens s Väärsmaass in de Zylen esoo z übernää, wie sy im hebräischen Uurteggscht yydäilt und bim Beat Weber[18] ufzäigt sin.)

D Bsalme sin hoochgraadig organisiert: Väärszyyle dien sich zu Väärs verbinden und die wäärde drnoo zu Stroofen und Stanze.

Ych ha d Väärs jeewyyls mid eme gläinen Abstand aadütted. Zwüsche de Stroofen isch dr Abstand e weeneli grösser.

Well d Bsalmen äigentlig Gedicht sin, isch iri Sprooch au gnapp und voll vo Bilder. Wenn mr d Bsalme richtig verstoo wän, drno mien mr ys immer wiider mid ene befassen und über sy noochedängge . Esoo kömme mr allewyyl zumene dieffere Verstoo.

Woort vo Menschen und Woort vom HEER

D Richtige vo de Bsalme göön aber nid numme vo unde nach oobe, wie daas bimene Gebätt dr Fall isch. Näi, sy göön au beleerend vo Mensch zu Mensch. Usserdäm sin sy nid numme Woort, wo **zum** HEER göön,

---

18   B. Weber (2010): Werkbuch Psalmen I und II. Stuttgart: Kohlhammer.

sondern glyychzytig au Woort **vom** HEER, also Häiligi Schrift. Die Verflächtig vom Woort **an** HEER, **zum** HEER und **über** dr HEER isch öppis ganz äinzigaatigs.

Gattige

D Bsalme könne sich uf äinzelni Menschen und au uf Gruppe vo Mensche beziee. Mr lääbe hüt in ere Wält, wo d Menschen immer mee numme no uf sich sälber luege dien. Däm gegenüüber het me sich friener vyl mee im ene Raame bewegt vo Oordnigen und Ablöif, wo men allgemäin anerkennt gha het.

Me ka vyyli Bsalmen äim vo de vier Gattige zueoordne, wo doo beschriibe wäärde:

Glaagegebätt vom Äinzelne

Mensche, wo in phersöönlige Nööt sin, bätten und dien im HEER iri phersöönlige Brobleem glaage. Die Glaagegebätt in de Bryysige folgen öppe däm Muschter:

1. Me riefft im HEER
2. Me verzellt im HEER sy Läid und glaggt über s Eeländ, wo me drin steggt.
3. Me bitted dr HEER, er soll äim doch hälffen und yygriffe
4. Me säit im HEER, as me dotaal uf iin verdraue duet
5. Me duet im HEER bekennen, as me sich synere Hilf voller Zueversicht und Gwüsshäit sicher isch.

Zu de Glaagegebätt vom Äinzelne könne mr die Bsalme zelle:
3-7,13,17,22,26,28,31,35,38,39,54-57,59,61,64,70,87,102,109,140-143.

Bsalme zum Looben und Dangge

Wenn e Gebätt vom HEER erhöört woorden isch und sich dangg em HEER e phersöönligs Eeländ, e phersöönligi Noot zum Guete gwändet gha het, denn het me – in dr Reegel im Dämpel – im HEER e Bsalm gsunge, wo s Looben und Dangge zum Thema het. Mäischdens het me sich mid däne Bsalme zum äinen an HEER gwänded, zum anderen aber au an d Gmäind, wo me midere zämme gfyyrt gha het.

Dr Ufbau vo däne Bsalmen isch ungfäär esoo:

1. Me duet dr HEER looben und duet em dangge.

2. Me luegt zrugg uf s Eeländ und d Noot, wo me din gsii isch (und allefalls au uf s Glaagegebätt)

3. Me brichted vo dr Hilf und dr Rettig, wo me dangg em HEER erläbt het.

4. Me richted sich an d Gmäind, wo mid äim fyyre duet.

Byspyl für sottigi Bsalme sin: 9–10; 20–32; 103; 116.

Glaagegebätt vom Volgg

In de Glaagegebätt vom Volgg sin gmäinsami Nootlaage vom Volgg s Thema, wie Hungersnööt, Zyte, wo s seer drogge gsii isch, Niiderlaagen und Zerstöörigen im Grieg.

Dr Ufbau isch wie bi de Glaagegebätt vom Äinzelne. Drzue kunnt non e Ruggbligg uf d Hilf, wo dr HEER im Volgg Israel scho friener gschänggt gha het.

Glaagegebätt vom Volgg finde mr in dääne Bsalme: 44,60,74,79, 80,83,85.

Bsalme zum Looben und Bryyse

Daas sin Bsalme, wo me drmit dr HEER looben und bryyse duet für sy Wääsen und syni Wunder, won er in dr Schöpfig und in dr Gschicht gmacht gha het und mache duet. S handled sich um Bsalme, wo im Gottesdienscht gsunge woorde sind.

Ufbaut sin die Bsalme zum Looben und Bryysen esoo:

1. Me duet sich gegesyttig uffrieffen, as me dr HEER looben und bryyse wott.

2. Me het drno d Gründ ufzellt, worum me dr HEER looben und bryyse duet.

3. Am Ändi isch me drno nonemoll in Juubel ussbroche.

Als Byspyl könne mr doo die Bsalmen aafiere: 8,19,29,33,47,96, 98,100,103-105,111,113,117,135,136,145-150.

Die vier Gattige kömme numme sälten in ere räine Form voor. Mäischdens duet s sich um Mischfoorme handle.

D Gliiderig vom Buech vo de Bsalme

D Bsalme sin nid äifach e zuefellig zämmegstellti Sammlig. S handled sich vyylmeer um e Kunschtwäärgg, wo ganz bewusst gstalted woorden isch. Die ganzi Abfolg isch goordned und guet überleggt. Wenn me s ganze Buech vom eerschte bis zum letschte Bsalm duure lääse duet, drno ergänn sich nöi'i Sinnhorizont. Daas bedütted, as s Buech vo de Bsalmen au als Buech glääse wäärde wott. Drum sotte mr nid äifach nummen äinzelni Bsalmen «uusebigge» - je nach den Umständ, wo mr grad dinne sin. Näi, mr sölle s Buech als Ganzes lääsen und drüüber sinniere, als Gebätt – immer und immer wiider.

Däilbiecher

Wie scho im Abschnitt «Vorewägg» (Syte 7) aaländigt, folge mr doo dr Ydäilig vom B. Weber[19] mid fümf Däilbiecher, umschlosse vomene Buechyygang und eme Buechussgang.

Die Ydäilig in fümf Däilbiecher orientiert sich an dr «Tora», an de fümf Biecher vom Mose (Pentateuch). In dr Tora isch dr Moses die bestimmendi menschligi Gröössi, im Bsalter isch es dr David. Im David wärden in dr hebräische Biible 73, in dr griechische Septuaginta sogaar 83 Bsalme zuegschriibe.

D Fümfdäiligkäit wird aazäigt dur e «liturgische» Loobbryys, wo jeewyyls am Ändi vomene Buechdäil stoot.

(Sy seen dä jeewyyligi Loobbryys uf de Titelsyte vo de Däilbiecher – und nadüürlig als jeewyyls letschte Väärs vomene Däilbuech.

Aber Äinzelhäite zu dären Ydäilig finde Sy uf der nägschde Syten ufzäigt.

---

[19] Weber, Beat (2011), Die Psalmen – Eine Einführung, in: Andreas Leinhäupl, Hrsg.,«Psalmen – das Leben ins Gebet nehmen»; Stuttgart: Katholisches Bibelwerk e.V., S. 8-18.

Däilbuech	Bsalme	Bemeerggige
Buechyygang	1-3	Bs 1: Wäägwyysig (ooni Zueordnig) Bs 2: Königsheerschaft (ooni Zueordnig) Bs 3: Bätten und Singe (David)
Däilbuech I	3-41	Bs 3-14: David-Bsalme I (Bs 10 und 33: ooni Zueordnig)
Däilbuech II	42-72	Bs 42-29: Korachite-Bsalme I (Bs 43: ooni Zueordnig) Bs 50: Asaf-Bsalm Bs 51-71: David-Bsalme II (Bs 66; 71: ooni David-Üüberschrift) Bs 72: Salomo-Bsalm
Däilbuech III	73-89	Bs 73-83: Asaf-Bsalm Bs 84-88: Korachite-Bsalme II (Bs 86 David-Bsalm; Bs 88 au Heman-Bsalm) Bs 89: Etan-Bsalm
Däilbuech IV	90-106	Bs 90: Moses-Bsalm Bs 91-100: ooni Zueordnig (Bs 93-99;100: GOTT-König-Bsalme) Bs 101-103: David-Bsalme III (Bs 102: ooni David-Überschrift) Bs 104-106: ooni Zueordnig
Däilbuech V	107-145	Bs 107: ooni Zueordnig Bs 108-110: David-Bsalme IV Bs 111-119: ooni Zueordnig (Bs 113-118: Ägyptisches Hallel[20]; Bs 119: Grosse Tora-Bsalm) Bs 120-134: Bsalme zum Uffstiig uf e Dämpel (David-Bsalme 122;124;131;133; Salomo-Bs 127) Bs 135-137: ooni Zueordnig (Bs 135-136: Groosses Hallel) Bs 138-145: David-Bsalme V
Buechusgang	146-150	Bs 146-150: ooni Zueordnig (Bs 146-150: Gläins Hallel)

---

[20] Hallel, vom hebräische הלל, halal = «loobsinge, in Juubel usbräche

Dr dritti und dr hundertfümfevierzigschti Bsalm verbinde wien e Scharnier dr Yygang und dr Usgang mid em eerschten und em letschte Däilbuech.

Wenn mr dur dr eerschti und dr zwäiti Bsalm ins «Huus» vo de Bsalmn yyne göön, drno wäärde mr im Yygangsberyych (Bsalmen 1-3) druff voorberäited, was ys erwaarte duet und wie das Buech richtig verstande wäärde will.

Im *eerschte Bsalm* (d «Düüre zur Wyyshäit» - Wyyshäits-Bsalme) leere mr s Woort vo de Bsalmen als Wäägwyysig vom HEER verstoo und leere die unterschiidlige Wääg vo de «Grächten» und de «gottloose Frääfler» kenne. E Wäägwyysig soll jo zu Entschäidige fieere. Doo goot s äigentlig immer um e «Schwarz-Wyss-Moolerei»: Äntwääder me halted sich zum HEER, drno isch me bi de «Grächte». Oder me hoggt bi de Spötter, de Gottloose, de Frääfler – und goot schliesslig dr Bach aabe (Bsalm 1). S goot bi dr Wäägwyysig also um e Waal, wo me dräffe sotti. S git im jüdischen und im grischtlige Glaube ganz glaar «richtig» und «falsch», «guet» und «böös», «schwarz» und «wyss». Dr glöibigi Mensch soll also an dr Wäägwyysig, won em dr HEER git, Mass nää und sich drnoo ussrichte. Sottigi Wäägwyysige finde mr au im Nöie Teschdamänt, zum Byspyl in dr Bäärgbreedigt, wenn dr Jesus Grischtus drvo reede duet, as me sy Huus äntwäder uf e Felsen oder uf Sand baue duet – jee nachdäm, ob me macht, was är säit oder ebe nid (Mt 7,24-27).

In dr Seelsoorg kunnt drno drööschtligerwyys d Gnaad zum draage. S git im dääglige Lääbe vo uns Menschen ebe nid numme «schwarz» und «wyss», sondern aller Gattig «Graudöön».

Me könnti saage: E Wyyshäits-Bsalm duet s Lääben aaluege, vor allem d Bezie'ig, wo mr zum HEER hän oder ha sötte.

Nach em Beat Weber kam e die folgende Bsalme äidüttig zu de Wyyshäits-Bsalme rächne[21]:

Bsalm 1, 14, 19, 34, 37, 49, 53, 73, 78, 90, 94, 104, 112, 119, 127, 128.

Im *zwäite Bsalm* (dr «Düüre zur Königsheerschaft» - Brofeetischi Bsalme) duet dr HEER sälber ufzäige, wo die ganzi Macht liige duet –

---

[21]   Weber, B. (2010): Werkbuch Psalmen III, Stuttgart: W. Kohlhammer, S. 180-181.

uf em Zion, bi iim und synere Heerschaft als allmächtige König und bim gsalbte Messias.

Die ganzi Biible handled jo vo dr Königs-Heerschaft vom HEER, vo unserem GOTT!

Und doo drbyy goot s letschtlig um d Froog, wie vil Heerschaft dr HEER in unserem Lääben ussrichte ka – isch er unsere Schef, oder numme dr «Nootnaagel», wenn mr sälber nümme wyter kömme?

In de Bsalme finde mr nadüürlig nid numme Hiiwyys uf d Heerschaft vom HEER und em Messisas, sondern au uf d Heerschaft vom David.

Die folgende Bsalme ka men äidüttig zu de Königs-Bsalmen übere HEER rächne[22]:

Bsalm 2, 29, 47, 93, 96-99.

Und über d Königs-Heerschaft vom David reede die Bsalme:

Bsalm 18, 20, 21, 45, 72, 89, 101, 110, 132, 144.

Im Hiibligg uf en Ufdraag, wo dr König vom HEER bekunnt, isch öppis ganz wichtig:

Dr König het vor allem dr Ufdraag, s Volgg in Grächtigkäit z fiere, «d Häärde guet z wäide» (Bsalm 78,70-72).

Dasch alson e Füürsorge-Uffdraag und nid öppen en Uffdraag zum Macht aawänden oder anderi unterwäärfe. Und wemmer gnau aane luege, drno seen mr, as dr Messias, unseren Erlööser, au e Füürsorge-Uffdraag woornää duet.

(Ych dänng: genau us däm Grund isch dr HEER drgeege gsii, wo s Volgg au e König het welle, «wien en d Häide hän» [1.Samuel 8,5-7]. Wenn d Mensche Macht hän, vergässe sy d Füürsoorg für die andere fascht immer).

Dr zwäiti Bsalm fordered vom gläubige Mensch, as er d Heerschaft vom HEER anerkenne duet.

Im *dritte Bsalm* (dr «Düüre zum bätten und singe» - Lytuurgischi Bsalme), dasch dr eerschti, vo mid em David diräggt verbunden isch – kunnt dr König ganz duuch drhäär. Er muess vor sym äigene Bueb

---

22   Weber, B. (2010): Werkbuch Psalmen III, S. 157.

flüchte, S eerschte Moll wird jetz dr HEER aagrueffen im Gebätt. Bätte bedütted «Reede mid em HEER».

Syni Schieler hän zum Jesus Grischtus gsäit: «HEER duen ys leere bätte» (Lk 11,1).

Wenn me d Bsalmen als Gebätt lääse duet – wenn me sy muurmlen und immer wiider üüber sy sinniere duet (Bsalm 1,2; 77,7; 119,15; 119,27; 143,5 – drno wiird das Gebätt vom Ryychdum vom Woort vom HEER und nid vo dr Aarmuet vo unserem Häärz bestimmt.

Dr Dietirch Bonhoeffer het gsäit: *«Wenn s in dr Biiblen also au e Gebättbuech het, no leere mr doo druss, as zum Woort vom HEER nid numme daas ghöört, won är uns saage duet, sondern au s Woort, won är vo uns hööre will, well das s Woort vo sym liebe Soon isch. Dasch e groossi Gnaad, as dr HEER uns säit, wie mr mid iim reeden und Gmäinschaft ha könne. Mr könne daas, wenn mr im Naame vom Jesus Grischtus bätte dien. Doo drzue sin uns d Bsalme gää, as mr sy im Naame vom Jesus Grischtus bätte leere.»*[23]

Vom dritte Bsalm ewägg goot s Bätten als Hauptthema dur dr ganzi Bsalter wyter. S wiird drno an bsunder Wändephüngt wie mid Scharnier dur Königsbsalmen (2,72,89,106,144) und Wyyshäitsbsalme (1,73,90,107,145) no versteergt.

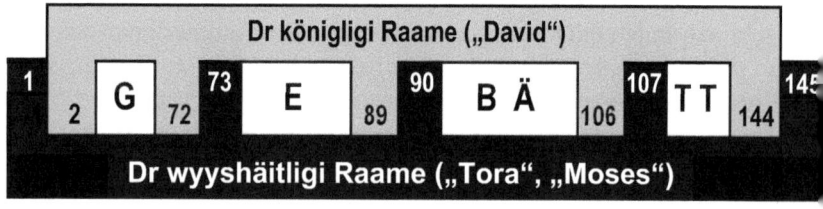

E Schaubild vo de «Scharnier», wo d Königs-Bsalmen und d Wyyshäits-Bsalmen um s «Gebätts-Lääben» im Bsalter bilde[24]

Königlich-ändzytligi – also «messianischi» – und wyyshätligi Bilder und Absichte sin doo drmit als hauptsächlige Raamen im Buech vo de Bsalmen aazluege. Und schliesslig münded alles in dä allumfassendi Loobbryys (146-150), wo s Buesch abschliesse duet. Wäär sy Lääben

---

[23]   Boenhoffer, D. (2019): Die Psalmen: Das Gebetbuch der Bibel, Eine Einführung. Giessen: Brunnen, S. 11 (24. Aufl.)
[24]   Weber, B. (2016): Werkbuch Psalmen I, Stuttgart: Kohlhammer, S. 44, ergänzt

esoo gstalte duet, as er im HEER folgt, dä wiird am Ändi die unvoorstellbare Seeligkäit erlääbe, für alli Eewigkäit bim HEER z syy.

En Ufdäilig vo de Bsalmen in die drei Gruppe:

Y ha doon en Yydäilig vo Bsalmen nach de drei Yygangs-Bsalme brobieert. Beachte mues me doo, as die mäischde Bsalme äigentligi Mischfoorme sin. Me könnti also – jee nach em Schweerphunggt, wo me setze duet – durchuss dr äinti oder anderi Bsalm au eneren andere Gruppe zueoordne. Drum sötte Sy die Aanoordnig nid allzue sträng aaluege. S gyt jo jeedi Mängi vo Überschnyydigen und vyli Bsalme kamen au unterschiidlig gwichten und zueordne.

1	Wyyshäits-Bsalme	33 Bsalme
2	Königs-Bsalme	37 Bsalme
3	Lituurgischi Bsalme	80 Bsalme

1	2	3	4	5	6	7	8	9	10
11	12	13	14	15	16	17	18	19	20
21	22	23	24	25	26	27	28	29	30
31	32	33	34	35	36	37	38	39	40
41	42	43	44	45	46	47	48	49	50
51	52	53	54	55	56	57	58	59	60
61	62	63	64	65	66	67	68	69	70
71	72	73	74	75	76	77	78	79	80
81	82	83	84	85	86	87	88	89	90
91	92	93	94	95	96	97	98	99	100
101	102	103	104	105	106	107	108	109	110
111	112	113	114	115	116	117	118	119	120
121	122	123	124	125	126	127	128	129	130
131	132	133	134	135	136	137	138	139	140
141	142	143	144	145	146	147	148	149	150

Me ka dr Bsalter au yygraamt see vo de bäiden eerschten und de letschte Bsalme[25]. Dr Bsalm 1 und dr Bsalm 2 dien drno dää, wo bätte duet, begriesse. Dr Aafang («Glüggbryysig däm...»➤1,1) und s Ändi («Glügglig sin alli...» ➤ 2.12) dien die zwäi midenander verglammere. Am Ändi dien die beiden «Egg-Bsalme» dä wo bätte duet, verabschiide mid eme Loobbryys, wo nümmen ufhööre duet. Döört stimmt die ganzi Schöpfig mid yy, ooni nööcheri Begründig in dä beschdens bekannti Satz:

«Alles, was dr göttligi Fungge het, soll dr HEER loobe! Halleluja – Diend dr HEER bryyse!»[26]

Esoo ka me die erschten und die letschde bäide Bsalmen als e «Doppel-Düüre» see. Bim Bsalm 1 und 2 goot men yyne, wenn me d Bsalme richtig *bätte* will – und dur d Bsalme 149 und 150 goot men uuse, wenn me d Bsalme richtig *lääbe* will.

D Nääme vom HEER

Zelle mr die verschiidene Nääme vom Allmächtige zämme, drno kunnt sy Naame in käim Buech vo dr Biiblen esoo vyylmoll voor, wie in de Bryysige.

Die wichtigschte drei Nääme vom Allmächtige, wo in de Bsalme vorkoo dien, sin:

JHWH (יהוה) mit dr Kurzform Jah (יָהּ) han y allewyyl mid «HEER» übersetzt.

Elohim (אֱלֹהִים) und El (אֵל), han y allewyyl mid «GOTT» übersetzt.

S Woort Adonaj (אֲדֹנָי), wo au für e HEER brucht wiird, han y mid «GEBIETER» übersetzt

Verbindige mid Phersoone

Me liest bi vyle Bsalme jewyyls am Aafang e Widmig. Im Hebräische vöön d Nääme vo däne Schryyber jeewyyls mid eme «le» (ל) aa. Und

---

[25] Brockmöller Katrin (2011): Herzlich willkommen! Der Rahmen des Psalmbuches, in: Andreas Leinhäupl, Hrsg.,«Psalmen – das Leben ins Gebet nehmen»; Stuttgart: Katholisches Bibelwerk e.V., S. 20-33..

[26] Erlütterig bi dr Fuessnote 16, Syte 261.

die Voorsilbe kaa «vo», aber au «füür» bedütte. Mid andere Woort: לדוד bedütted äntwääder «vom David» oder «für e David». E soon e Bsalm könnti also vom David gschriibe woorden oder im David gwidmed woorde syy. Im Lauf vo dr Zyt het me denn vermeert dr David als «Autor» oder zmindescht als «Sänger» oder «Reedner» aagluegt. Ych ha drum äifach gschriibe «mid em David verbunde». Hundertdrei Bsalmen hän am Aafang e Hiiwyys of e mööglige Schryyber:

Davidsbsalme

Mid em David verbunde wäärde d Bsalme 3-41 (Davidbsalmen I), d Bsalme 51-71 (Davidbsalme II), dr Bsalm 86, d Bsalme 101-103 (Davidbsalme III), Bsalme 108-110 (Davidbsalme IV) und d Bsalme 138-145 (Davidbsalme V).

Asafbsalme

Dr Asaf isch e Choorläiter gsii zur Zyt vom David. In 2. Chronik 29,30 wird dr Asaf als «Seher» bezäichnet. Mid em Asaf verbunde sin d Bsalme 50 und 73-83.

Dr Etanbsalm

Dr Bsalm 89 isch mid em Esrachiter Etan verbunde. Äär duet als Dichter vo däm Bsalm gälte.

Bsalme vo de Korachite

D Korachite solle Noochkomme gsii syy vom Korach, wo syynerzyt bim Usszuug vo Egypten en Uffstand gegen e Moses aazettled gha het (4.Mose 16,9).

D Korachite wäärden in dr 1. Chronik in de Kapitel 6, 9, 12 und 16 als Muusigger und Düürhieter im Dämpel bezeichned.

D Bsalme 42-49, Bsalme 84-85 und d Bsalme 87-88 sin mid de Korachyte verbunde.

Dr Hemanbsalm

Dr Bsalm 88 isch nid nuur mid de Korachite, sondern au mid emen Esrachiter, wo Heman ghäisse het, verbunde.

Dr Mosesbsalm

Dr Bsalm 90 isch mid em Moses verbunde.

D Salomobsalme

Mid em Salomo verbunden sin dr Bsalm 72 und dr Bsalm 127.

Bsalmen ooni Verbindig mid Phersoone

D Bsalmen 1, 2, 91-100, 104-106, 111-119, 135-137 und 146-150 hän käi Verbindig zu Phersoone.

Wyteri Möögligkäite vo dr Yydäilig

Me ka d Bsalmen au nach de Theemen yydäile, wo sy be'inhalte dien. Zwäi Gruppe möchte y do erwääne:

Bsalme für en Uffstiig zum Dämpel

D Bsalme 120 bis 134 sin syynerzyt allewyyl gsunge woorde, wenn d Mensche – vor allem an de groosse Feschtdääg – nach Jerusalem zum Dämpel uffe zooge sin und drno döört dr HEER hän looben und bryyse welle. In dääne Bsalme isch immer wiider vom Volgg Israel, vo Jerusalem und vom Bärg Zion d Reed. Dr Zion isch in de Voorstellige vo de Glöibige dää Oort, wo dr HEER sy Woonig het und won er geegewäärtig isch. Döört isch s Zentrum vo synere Köönigsheerschaft, döört duet äär sich offebaare. Vom Zion häär sändet dr HEER sy Hilf, döört wiird äär aber au sy Grichtsuurtäil verkünde.

Rache-Bsalme

En äigenaartigi Gruppe sin die sogenannte «Rache»- oder «Find»-Bsalme. Dasch nid äigentlig e Gattig vo Bsalme. Sy stellen aber für uns hüttigi Menschen e bsunders Brobleem daar. S dien sich vyli Menschen an däne Bsalme stööre. Me vrschriggt jo au rächt äigentlig, wenn men öppe die Bsalme lääse duet: 35,1-8;59,6-16;69;109,6-20.

Was föön mr mid eren Ussaag aa, wie dääre?

«Due sy vernichten in dynere Döibi! Fäg sy ewägg, as sy nümme sin! Denn seet me, as dr GOTT über em Jakob sy Huus herrsche duet. Bis an s Ändi vo dr Wält goot sy Macht» (59,14).

Het dr Grischtus am Grütz nid für syni Find bätted? Foordere nid s alten und s nöie Teschdamänt «Näggschdeliebi»? (3.Mose 19,18; Matthäus 5,43-45)? Wie könne miir doo no mid de Bsalme dr HEER bätten, as är unseri Find rääche und vernichte duet?

D Froog isch: Döörfe mr söttigi Bsalme als Woort vom HEER und als Gebätt vom Jesus Grischtus verstoo – und sogaar bätte?

Y möchte do äifach e baar Hiiwyys gä vo gscheite Lüt, wo sich mid däm Thema usenander gsetzt hän: [27]

1. D Find, wo me doo vonene reede duet, sin d Find vom HEER synere Sach, wo uns aagryffe dien, well sy im HEER sy Wiirgge nid usshalte wän.

2. Gar nie will dää, wo d Bsalme bätte duet, sich sälber rääche; er überloot daas ganz im HEER.

3. S Gebätt um d Raach vom HEER isch e Gebätt, as dr HEER sy Grächtigkäit walte loot und sälber über d Sünd richte möögi.

4. Das Gricht muess koo, wenn dr HEER wiirgglig zu sym Woort stoo duet; drbyy isch s glyych, wäär s dräffe duet – joo, sogaar yych sälber ghöör mid myne Sünden unter das Gricht.

5. Die wo d Bsalme bätte dien, hän e schaarfe Bligg für d Booshäit vo dääne, wo dr HEER verachte dien – und unter dääne lyyde sy.

6. Dr Bsalter duet uns und allne Glöibigen e Spiegel aane heebe und zäigt ys, us was für Holz mr gschnitzt sin.

7. Im Glaubensbekenntnis stoot dr Satz, as dr Jesus Grischtus, wenn er wiiderkunnt, d Uffgoob het: «…die Lääbigen und die Doote z richte». Esoo stoot s zum Byspyl au in dr Offebaarig (11,18).

Ooni Zwyyfel sin die Bsalm-Gebätt döört entstande, wo Menschen schweeri Gwalt hän miessen erlyyde. Däänen isch s wiirgglig ans Lääbige gange. In unsere Bräitegraad könne mr ys daas hüt kuum voorstelle. As me voller Wuet isch, wemme sälber Ungrächts erlääbe mues, daas kenne mr jo alli au. Die, won esoo bätted hän, hän daas gmacht, well sy Opfer gsii sin. Sy hän iri ganzi Wuet bim HEER uuse gloo und en bätted: Bring Duu das in Oordnig. Und doo drbyy isch es jo denn au bliibe. Döörf me sy Wuet in däre Foorm an HEER delegiere? – Isch daas nid äigentlig sogaar e ganz gueti Idee? Dr Glauben an HEER

---

[27] **Punkte 1-4**: D. Bonhoeffer (2016): Die Psalmen – Das Gebetbuch der Bibel. 21. Aufl., S. 57-58. **Punkte 5-7**: H. Egelkraut (2012): Das Alte Testament.5. Aufl., S. 717-718.

be'inhalted au s Verdraue druff, as dr HEER grächt isch und richte duet. Au wenn daas mängem nid gfalle duet: dr Wunsch, as dr HEER s Unrächt, wo Mensche sich aadien, vergälte soll, isch biiblisch und blyybend.[28] Und au miir sin jo schnäll gnueg drbyy, dr HEER zbätten, as er yygryffe duet – und mänge zwyyfled sogaar dra, as es e GOTT git, wenn er seet, as dr HEER nid wunschgemäss sofoort alles in Oordnig bringe duet, wenn äär sich ungrächt behandled füült.

Zämmefassend könnt me saage: «In ere Wält voller Ungrächtigkäit, voller Läid und Dood blybt ys bi däne vyylen Irritazyonen und Aafächtige dr Ufdraag, vom «HEER, wo mr nid see können» und won ys mänggmool unverständlig, ungrächt und als äine begeegne duet, wo richted, hii zu däm «GOTT, wo sich offebaare duet» z flüchte. Im Jesus Grischtus het er sich zu dääne gwänded, wo syni Kinder sin und er schafft und verbürgt enen im Grichtsgschee vo Golgatha s eewige Häil».[29]

Nadüürlig sin uns die griegerischen Ussaage vo «Rach» und «Vergältig» hüt eher fremd. Mr sotten aber nid vergässe:

Dr HEER isch nid dä «**Böölimaa**» als dään en vyli aaluege, wenn sy s Alte Teschdamänt lääse dien – Dr HEER isch aber au nid dä «**Hampelmaa**» als dään en vyli aaluege, wo hüt nüt me mid em z due haa wän.

Alphabeet-Bsalme

S het im Ganze nüün Bsalme, wo me zu den alphabetische Bsalmen zelle duet: 9, 10, 25, 34, 37, 111, 112, 119, 145. Die Bsalme zäichne sich doo drduur uss, as äntwäder die äinzelne Zyyle, die äinzelne Väärs oder die äinzelne Strooffe mid eme hebräische Buechstaben alphabeetisch aafange dien.

[28] Beat Weber (2017): Halleluja – der Feind ist vernichtet!? In: «Fit für die Welt!? Beiträge zu einer friedenskirchlichen Theologie und Gemeindepraxis» (L. Amstutz, Hp. Jecker, Hrsg.), Schwarzenfeld: Neufeldverlag, S. 29-43.

[29] Y ha dä Satz gnoo us em Artiggeel vom Beat Weber (2012): Rachepsalmen – Sollen wir unsere Feinde hassen? INSIST, 03.07.2012, S. 28-30.

«S goldigen ABC»

Dr lengschti Bsalm, wo alphabeetisch bildet isch, isch dr hundertnüünzäänti Bsalm. S isch au dr lengschti Bsalm, glyychzyttig s lengschte Kapittel vo dr ganze Biible. Die hundertsäggsesibzig Väärs syn jeewyyls in Strooffe vo acht Väärs ufdäilt, wo mid em glyyche Buechstabe vom Alphabeet aafange dien. Dr Martin Luther het dä Bsalm drum «s goldigen ABC» gnennt. Y ha dr hundertnüünzäänti Bsalm in dänen Achtergruppe jeewyyls au mid em glyyche Buechstaben aagfange (wie daas dr Ludwig Albrecht in synere dütsche Bibelübersetzig au gmacht het).

Dr Jesus Grischtus in de Bsalme

Scho dr Dietrich Bonhoeffer het in sym bekannte Buech[30] über d Bsalme ufzäige welle, as dr Jesus Grischtus beräits in de Davids-Bsalmen erkennbar isch. Drum wärden in sym Biechli d Bsalmen au dezidiert grischtologisch – also uf e Jesus Grischtus bezooge – usgleggt.

D Bsalme sin uf jeede Fall au scho s Gebättbuech vo de Schryyber vom Nöie Teschdamänt gsii. Uf zwäi Drittel vo de Bsalme wird im Nöie Teschdamänt ganz diräggt Bezuug gnoo (wyssi Zaale im schwarze Hintergrund in dr Daafelen uf dr nägschte Syte).

Indiräggt ka fascht jeede Bsalm uf e Jesus Grischtus bezooge wäärde. In dr alte Kiirche het me jo bis an d Schwelle vo dr Nöizyt esoo d Bsalmen uf e Jesus Grischtus aane glääse.

Für d Grischten im Mittelalter isch dr Bsalter zämme mid em «Vaterunser» zuneren abküürzte Foorm vo dr ganze Häilige Schrift woorde.

---

30   D. Bonhoeffer (2016): Die Psalmen – das Gebetbuch der Bibel", Giessen: Brunnen, 21. Auflage, 96 Seiten

Bsalme, wo sich s nöie Teschdamänt diräggt druf bezie duet (wyssi Zaalen im schwarze Vieregg):

1	2	3	4	5	6	7	8	9	10
11	12	13	14	15	16	17	18	19	20
21	22	23	24	25	26	27	28	29	30
31	32	33	34	35	36	37	38	39	40
41	42	43	44	45	46	47	48	49	50
51	52	53	54	55	56	57	58	59	60
61	62	63	64	65	66	67	68	69	70
71	72	73	74	75	76	77	78	79	80
81	82	83	84	85	86	87	88	89	90
91	92	93	94	95	96	97	98	99	100
101	102	103	104	105	106	107	108	109	110
111	112	113	114	115	116	117	118	119	120
121	122	123	124	125	126	127	128	129	130
131	132	133	134	135	136	137	138	139	140
141	142	143	144	145	146	147	148	149	150

Au hüt no singe zum Byspyl d Benediktiner Mönch in ire dääglige Stundegebätt nach em Yygangsväärs «HEER, kumm mr schnäll go hälffe» (Bsalm 70,2) e Loobgsang us de Bsalme. Drnoo folge – wemme s Byspyl vo dr «Mittaags-Hoore» vo de Benediktiner im Glooschter Disentis nää wott – e lengere Bsalm oder drei küürzeri Bsalme, wo im Wäggselgsang gsunge wärde. Drno folgt es kuurzi Lääsig, e Gebätt und dr Säägensspruch.

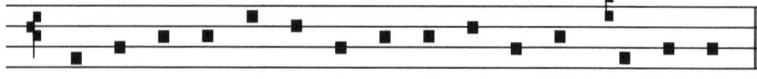

My Seel het Durscht nach em GOTT, nach em lebändige GOTT.

Us em Liedblatt zur «Mittagshore» vom Kloschder Disentis am Zyschdig im Jooresgräis, Bsalm 42, 3a (y ha dr baaseldütschi Thegscht yygfiegt)

Uf s Bättle vo de Jünger het ene dr Jesus s Gebätt gschänggt, wo als «Vaterunser» bekannt woorden isch. S isch ganz interessant – wenn mr ganz gnau aane luege dien, drno seen mr, as s «Vaterunser» e Gebätt isch, wo dr Inhalt us de Bsalme nimmt[31]:

Vaterunser «Unsere Bappe»[32]	Bsalme drzue
Unsere Bappen…	103,13
im Himmel.	103,19
Dy Naame soll ghäiligt ghalte syy	103,1 (145,1-2.21)
Dyy Ryych soll koo.	103,19 (145,11-13)
Im Himmel und uf Äärde soll basiere,	103,22
was Duu wotsch.	103,21
Giib uns hütt daas Broot, wo mr jeede Daag bruuche.	103,5 (145,15-16)
Und due uns unseri Schuld vergää, wie au miir dääne vergää wän, wo an uns schuldig woorde sin.	103,3.10-13 (145,7-9)
Und loo uns nid in Versuechig falle,	103,14 (145,20)
sondern duen ys vom Böösen erlööse.	103,4
Denn s Ryych isch diir,	22,29
und d Graft und d Heerligkäit	63,3
in alli Ewigkäit.	41,14

[31] B. Weber (2010): Werkbuch Psalmen III, Stuttgart: Kohlhammer, S. 259.
[32] Baaseldütschi Überdraagig us J. Meier (2016): Dasch dr Hammer – s nöie Teschdamänt uf Baaseldütsch, Band 1: „Lääben und Wiirgge vom Jesus Grischtus, brichted vom Matthäus und vom Markus", S.32.

Me ka vyyli Hiiwyys über e Grischtus us de Bsalmen uuse lääse. Doo e baar Byspyl:

Thema	Bsalm	Nöis Teschdamänt (Byspyl)
Sy Zyyl und sy Ghoorsam	40,7-9	Hebräer 10,5-9
Dr Bueb vom Bappe	2,7	Heb 1,5;5,5 Apg 13,33
GOTT und Mensch	45,7-8	Heb 1,8-9
Sy Zügnis für e HEER	22,23	Heb 2,12
D Abläänig vo de Hooche	2,12	Apg 4,25-26
Sy Verroot dur e Judas	41,10	Joh 13,18; Apg 1,16
Dr Schrei zum HEER	22,2	Mt 22,46
S Vertäile vo syne Gläider	22,19	Jo 19,24 Mt 27,35
Duurscht	22,16	Jo 19,28
Gallen und Essig	69,22	Mt 27, 34.48
D Gnoche nid broche	34,21	Jo 19,36
Sy Uferstee'ig	16,10	Apg 2,27
Sy Himmelfaart	68,19	Eph 4,8-10
Sy Wiiderkoo und s Gricht	50,3-6	Off 11,18

Zum Schluss wämmer nonemoll dr Martin Luther hööre. Är säit:

«Unsere liebe HEER, won ys dr Bsalter und s Vaterunser bätte gleert und gää het, möög ys au dr Gäischt vom Gebätt und vo dr Gnaad schängge, as mr mid Luscht und ooni Ufhööre bätte – daas isch nämmlig nöötig; esoo het äär uns aagwiisen und esoo will er s ha. Iim syg Loob, Eer und Dangg. Amen.» [33]

---

[33] Luther, M. (1528), Zweite Vorrede auf den Psalter, in: Bornkamm, H., Hrsg.: „Luthers Vorreden zur Bibel", Insel Taschenbuch 677, 1983, Syte 73

Basler
Bibelgesellschaft

Am 31. Oktober 1804 isch uf Aareegig vom Karl Friedrich Adolf Steinkopf, won e Gründigsmitgliid vo dr British and Foreign Bible Society gsii isch, im Pfaarhuus vo dr dennzmooligen Elisabeete-Kiirche d Baasler Biibelgsellschaft als äini vo de drei elteschde Biibelgsellschafte gründet woorde. Im 19. Joorhundert sin vo Baasel us Millione Biible oder Däil drvo in die ganzi Wält vertäilt woorde.

S Zyyl vo dr Baasler Biibelgsellschaft isch, s Verständnis und d Liebe für d Biible z weggen und z föördere, as d Mensch drus Graft für iir Lääbe schöpfe könne.

D Baasler Biibelgsellschaft isch hüt unter anderem verantwoortlig für…

- d «Telebiible», wo sy an jeedem Daag e kuurzi Telefon- Breedigt hööre könne (www.telebibel.ch; Telefon 061 262 11 55)

- die dääglige Woort us dr Biible, wo in dr «Baasler Zytig» erschyyne dien

- dr Stand vo dr Biibelgsellschaft uf em Petersplatz an dr Baasler Heerbschtmäss

- Dr «Soggeball» wäärend dr Heerbschtmäss», wo d Standbedryyber vo dr Heerbschtmäss und ihri Mitarbeiter e guets Nachtässen und e Baar Sogge gschänggt griege.

Als Mitgliid vom Voorstand vo dr Baasler Biibelgsellschaft möcht ych ene weermschtens empfääle:

Bsueche Sy doch emoll unseri Internet-Blattfoorm:

www.basler-bibelgesellschaft.ch

Schriibe Sy mid emen E-Mail an:

info@basler-bibelgesellschaft.ch,

as Sy an reegelmässigen Informazyoonen Inträsse hän. Drno wäärde sy allewyyl imformiert, wenn s Nöis z vermälde gyt.

(Ganz wichtig: S koschted nüt! E Spänd isch aber nid verbote!)

Für die Gläine het d Baasler Biibelgsellschaft e speziells Brojäggt laufe:

www.kidsOnlinebibel.ch

döört hän Kinder d Möögligkäit, sich bebiildereti biiblischi Gschichte voorlääse zloo. Daas uf Baaseldütsch, aber au uf Hoochdütsch!

Die Video sin koschdeloos im Internet. Me ka die schöön bebilderete Biechli uf Hoochdütsch au druggt ha. Schigge Sy äifach en Aafroog an d Mailadrässe vo dr Baasler Biibelgsellschaft.

Bis jetz git s:

Dr barmhäärzigi Samariter – Der barmherzige Symariter

Jesus und dr Sturm – Jesus und der Sturm

Dr Jesus kunnt uf d Wält – Jesus wird geboren

Wäär das Online-Brojäggt finanziell unterstütze möchte, ka übere Link:

http://spende.kidsonlinebibel.ch

die Video mieten oder kauffe.

Wyteri Biecher uf Baaseldütsch vom Jürg Meier:

Dasch dr Hammer – s Nöie Teschdamänt uf Baaseldütsch

Band 1: Lääben und Wiirgge vom Jesus Grischtus, brichtet vom Mattäuas und vom Markus

   216 Syte, Norderstedt:Book on Demands, 2016
   ISBN 978-3-842-35234-9

Band 2: Lääben und Wiirgge vom Jesus Grischtus, brichtet vom Lukas und vom Johannes

   256 Syte, Norderstedt:Book on Demands, 2016
   ISBN 978-3-842-35148-6

Band 3: S Wiirgge vo den Aboschdle, brichtet vom Lukas

   152 Syte, Norderstedt:Book on Demands, 2017
   ISBN 978-3-842-35148-6

Weitere Bücher mit theologischem Inhalt

Essays für Christen

   96 Seiten, Norderstedt:Book on Demands, 2010
   ISBN 978-3-842-34481-5

Trauerfeiern

   144 Seiten, Münster:Aschendorff, 2. Auflage, 2020
   ISBN 978-3-402-12067-5

Du fehlst – Meine Gedanken in der Trauer

   376 Seiten, Neu-Isenburg:Bischoff Medien, 2015
   ISBN 978-3-943-98038-7

Zur Phersoon

Dr Jürg Meier isch Dr. phil., Bioloog und Brofässer für Zoologie. Wärend 20 Joor isch er in läitender Stellig, zletscht als Gschäftsfierer imene wältwyt aggtive mittelständischen Unternääme däätig gsii, wo Pharma-, Diagnostik- und Kosmetik-Produggt häärstelle duet.

Syt 2001 isch er Inhaber vo dr JUMEBA (Ussbildig, Berootig und Fierig vo Unternäämen) in Ettige bi Basel. Usserdäm het er bis 2020 als Titularbrofässer für Zoologie an der Universität Basel und als Leerbeuf- dräite für Qualitätsmanagement an der Wirtschaftswüsseschaftlige Fa- kulteet vo dr Uni Basel gwiirggt. Er isch Verfasser und Herusgääber vo mee als eme Dutzend Biecher zu naduurwüsseschaftlige, betriibswirt- schaftligen und theologische Theeme.

Vo 1974 bis 2019 isch er eerenamtlige Seelsorger in dr Neuaposto- lischen Kirche gsii. In de 1990er Joore het er im Raame vo jee 50 Wuchenänd-Missionsräisen in Südeuropa (Gibraltar) und Osteuropa (Ukraine) bi der Gründig vo Kirchgmäinde gholffe.

Vo 2010 bis zu synere Ruesetzig Mitti 2019 het er dr Kirchebezirk Basel mit acht Kirchgmäinde gläited. Er isch mit dr Ulrike verhürooted und Vater vo 2 Döchteren und zwäi Söön. Iri Dochter Noëmi isch im Alter vo gnapp fümf Joor im September 1991 wenigi Daag nach emen Autounfall gstoorbe.

Dr Jürg Meier isch Mitglied vom Vorstand vo dr Arbeitsgemein- schaft der christlichen Kirchen beider Basel und vo dr Basler Bibelge- sellschaft.

Syt Mitti 2019 isch dr Jürg Meier Verwaltigsrootsbresidänt vom Palliativzentrum Hildegard, Hildegard Klinik AG in Basel.